二战经典战役系列丛书

闪 击 波 兰

白隼 编著

北方联合出版传媒(集团)股份有限公司

万卷出版公司

ⓒ 白隼 2018

图书在版编目（CIP）数据

闪击波兰 / 白隼编著. — 沈阳：万卷出版公司，
2018.8
（二战经典战役系列丛书）
ISBN 978-7-5470-4949-5

Ⅰ. ①闪… Ⅱ. ①白… Ⅲ. ①德国闪击波兰（1939）–
史料 Ⅳ.①E513.9

中国版本图书馆CIP数据核字（2018）第118922号

出 品 人：刘一秀
出版发行：北方联合出版传媒（集团）股份有限公司
　　　　　万卷出版公司
　　　　　（地址：沈阳市和平区十一纬路25号　邮编：110003）
印 刷 者：辽宁新华印务有限公司
经 销 者：全国新华书店
幅面尺寸：170mm×240mm
字　　数：211千字
印　　张：14.75
出版时间：2018年8月第1版
印刷时间：2018年8月第1次印刷
丛书策划：陈亚明　李文天
责任编辑：赵新楠
特约编辑：吴海兵
责任校对：张希茹
装帧设计：亓子奇
ISBN 978-7-5470-4949-5
定　　价：49.80元
联系电话：024-23284090
传　　真：024-23284448

前　言

　　1931 年 9 月 18 日，日本关东军在沈阳制造了九一八事变，日本帝国主义的魔爪开始伸向有着五千年文明的中华大地，中国最屈辱的历史从此开始。1939 年 9 月 1 日，希特勒独裁下的德国军队闪击波兰，欧洲大地不再太平，欧洲人的血泪史从此开始书写。一年后，德国、意大利、日本三个武装到牙齿的独裁国家结盟，"轴心国"三个字由此成为恐怖、邪恶、嗜血的代名词。

　　德、意、日三国结盟将侵略战争推向极致。这场战争不仅旷日持久，而且影响深远。人类自有战争以来从未有过如此大规模、大杀伤力、大破坏力的合伙野蛮入侵。"轴心国"的疯狂侵略令全世界震惊。

　　面对强悍到无以复加的德国战车，面对日本军队疯狂的武士道自杀式攻击，被侵略民族不但没有胆怯，反而挺身而出，为了民族独立，为了世界和平，他们用一腔热血抒写不屈的抵抗，用超人的智慧和钢铁意志毫不犹豫地击碎法西斯野兽的头颅。

战役是孕育名将的土壤，而名将则让这块土壤更加肥沃。这场规模空前的世界大战，在给全世界人民带来无尽灾难的同时，也造就了军事史上几十个伟大的经典战役，而这些经典战役又孕育出永载史册的伟大军事家。如果把战役比作耀眼华贵的桂冠，那么战役中涌现出的名将则是桂冠上夺目的明珠。桂冠因明珠而生辉，明珠因桂冠而增色。

鉴于此，我们编辑出版了这套《二战经典战役系列丛书》。其实，编辑出版这套丛书是我们早已有之的宏愿，从选题论证、搜集资料、确定方向到编撰成稿，历经六个春秋。最终确定下来的这20个战役可谓经典中的经典，如历史上规模最大的海战莱特湾大战，历史上规模最大的航母绝杀，历史上规模最大、最惨烈的库尔斯克坦克绞杀战……我们经过精心比对遴选出的这些战役，个个都特色鲜明，要么让人热血沸腾，要么让人拍案叫绝，要么让人扼腕叹息，抑或兼而有之。这些战役资料的整理花费了我们相当多的时间和精力，兴奋、激动、彷徨、纠结，一言难尽。个中滋味，唯有当事人晓得。

20个战役确定下来后就是内容结构的搭建问题。我们反复比对已出版的类似书籍，经过研究论证，最终形成了自己的特色。历史拐点（时间点）往往是爆发点，决定历史的走向，而在这个历史拐点上，世界上其他地方正在发生什么？相信很多人对此都会比较感兴趣。因此，我们摈弃了传统的单纯纪事本末叙述方式，采用以时间轴为主兼顾本末纪事的新颖体例。具体来说，就是在按时间叙事的同时，穿插同一时间点上其他战场在发生什么，尤其是适当地插入中国战场的情况，扩大了读者的视野。

本套丛书共20册，每册一个战役，图文并茂，具有叙事的准确性与故事的可读性，并以对话凸显人物性格和战争的激烈与残酷。每册包含几十幅精美图片，并配有极具个性的图说，以图点文，以文释图，图文相得益彰。另外，本套丛书还加入了大量的原始资料（文件、命令、讲话），并使其自然融入相关内容。这样，在可读性的基础上，这套丛书又具备了一定的史料价值，历史真实感呼之欲出，让读者朋友不由自主地产生一种穿越的幻觉。

本套丛书的宗旨是让读者朋友在轻松阅读的同时，对第二次世界大战有一个整体的认知，力求用相关人物的命令、信件、讲话帮助读者触摸真实的历史、真实的战场，真切感受浓浓的硝烟、扑鼻的血腥和二战灵魂人物举手投足间摄人心魄的魅力。

品读战役，也是在品读英雄、品读人生，更是在品读历史。战役有血雨腥风，但也呼唤人道。真正的名将是为阻止战争而战的，他们虽手持利剑，心中呼唤的却是和平。相信读者朋友在读过本套丛书后，能够对战争和名将有一个不一样的认识。

最后，谨以此书献给那些为和平、为幸福奋斗不息的人们！

目　录

第一章　帝国野心

　　尽管德国战争准备不够充分，但是在其军事理论家看来，德国的弱势不会在战争初期暴露出来，于是希特勒和他的纳粹德国决定发动一场前所未有的征服性的战争。

◎ 野心是刺激出来的

1914 年，德国参与发动了第一次世界大战。1918 年，世界大战结束，德国以失败告终，元气大伤。大战结束后，战胜国以胜利者的姿态在巴黎召开和平会议（简称"巴黎和会"），建立国际联盟，与战败国签订《国联盟约》。

1919 年 6 月 28 日，战胜国美、英、法、意在德国的凡尔赛宫签订了瓜分德国的《协约和参战各国对德和约》，也就是举世闻名的《凡尔赛和约》。

此前，英、法、美、意等战胜国就为建立国际联盟事宜争吵不休。美国总统威尔逊、英国首相劳合·乔治、法国总理克里孟梭曾先后以退出巴黎和会来威胁对方，但是在对战败国的瓜分上，战胜国之间有着共同的利益。

力主削弱德国的是法国。法德可谓世仇，远有 1870 年普法战争战败的耻辱，近有一战中法国作为主战场遭遇的巨大牺牲，所以法国人坚持在谈判桌上将德国肢解，并最大限度地压榨德国。法国不仅提出了在莱茵河左岸划定不设防区域，还坚持夺取盛产煤铁的阿尔萨斯和洛林。英美担心这样会让法国势力太大，所以不赞成过分削弱德国，但在瓜分与掠夺方面，英美是没有什么异议的。

签订《凡尔赛和约》

《凡尔赛和约》的草拟与讨论是在没有当事国德国代表的参与下进行的。在进行了一系列争论后，巴黎和会主席、法国总理克里孟梭于6月17日将和约的最后文本交给德国代表。克里孟梭在照会中指出："今天，这一和约文本，要么完全接受，要么完全拒绝。"他要德国在5天（后改为7天）内给予答复，如到期没有答复，各国将宣布停战终止，并"采取他们认为有利于强制执行和约有关条款的步骤"。战胜国为此集结了39个师的兵力，授权在"停战终止日，立即开始前进"。

《凡尔赛和约》最后文本在柏林公布后，引起了德国人极大的愤怒，他们普遍认为德意志民族的自尊心受到前所未有的伤害。德国临时政府总统艾伯特声称："和约条款是不能实现和不能负担的。"总理谢德曼在一次演讲中谴责战胜国把德国置于奴隶地位，并发誓："谁要是签署这样的条约，谁的手指就会烂掉！"

德国陆军元帅冯·兴登堡对《凡尔赛和约》也表示了他的态度，这也可以说是德国军方的态度："一旦战端重启，我们能够重新攻克波兹南省（在波兰），守住东部边境。但是在西部，很难指望我们能够抵抗敌军的强大攻势，因为协约国在兵力上占有绝对优势，而且他们有能力在两翼包抄我们。总的来说，军事行动能否成功是个未知数，但是作为一名军人，我们应该这样做，与其接受屈辱的和平，不如光荣战死沙场。"

德国各地纷纷举行集会、游行，还举行了国民哀悼周，以示严重抗议，强烈要求政府不能在和约上签字。鉴于全国上下一片反对，德国政府内阁决定集体辞职，重组政府。

德国新政府提出的任何意见均遭到战胜国的拒绝，直到停战期限终止前1小时30分，德国才被迫宣布无条件接受和约。新上任的德国外交部长缪勒代表走投无路的德国政府在凡尔赛宫的镜厅签署了和约。48年前，也是这个地方，普鲁士国王威廉一世以普法战争胜利者的姿态，宣布德意志帝国成立。如今，法国坚持在这个地方签署和约，显然有意在洗雪前耻。

签完字后，缪勒在接下来的谈话中明确声明，德国签署这份和约是被迫的，他认为德国在道义上并没有遵守和约的义务。缪勒的声明显然不是一份简单的外交辞令，而是在一定程度上体现了德意志民族的一种无奈反抗。

《凡尔赛和约》共分 15 部分，448 条，主要内容如下：

1. 重新划定德国边界，将阿尔萨斯和洛林归还法国，萨尔煤矿归法国所有，15 年后再举行全民投票决定其归属。莱茵河右岸 50 至 60 公里以内区域为非军事区，德国无权设防，左岸则由战胜国占领 5 年。

2. 瓜分德国所有海外殖民地，按委任制交由英、法、比、日管理；限制德国军备，废除普遍义务兵役制，陆军不得超过 10 万人，海军不得超过 1.5 万人，禁止生产和输入坦克、装甲车及其他重型武器，禁止拥有潜艇及军用飞机，还规定了德国拥有军舰的限额。

3. 赔偿原则和附加的经济条款。规定德国应赔偿战胜国因战争所受的一切损失，由协约国（战胜国）赔偿委员会在 1921 年 5 月 1 日前决定德国在 30 年内的赔偿总额。在此之前，德国应交付战胜国 50 亿美元的赔款。

除此之外，《凡尔赛和约》还规定了德国必须交出并归入赔款账内的实物清单。在附加经济条款中，将德国重要的河流交由国际专门委员会控制，法国可免税向德国出口一定数量货物，而德国出口货物则不能免税。

英国经济学家凯恩斯曾对和约有过这样的评价：“《凡尔赛和约》有关经济条文的内容是包罗万象的，对可以使德国目前陷于贫困或者可以阻挠德国将来发展的措施，几乎不曾忽略。”

和约签订后，美国总统威尔逊以美国人惯有的处事方式称和约为“弟兄友爱宪章”。然而，这个“弟兄友爱宪章”貌似对德国人民很不友爱。《凡尔赛和约》几乎让德国倾家荡产。当时的德国大臣大骂：“威尔逊是一个伪君子，《凡尔赛和约》是历史上最卑鄙的罪恶。”《凡尔赛和约》被德国人视为有史以来最大的耻辱，这也为后来希特勒德国的疯狂埋下了祸根。

11 月 13 日，德国工人党举行集会。一些大学生、小企业主和退伍军人不惜花钱购买入场券，到会旁听演讲。在这次集会上，希特勒以德国工人党第 7 号委员的身份做题为《布列斯特——利托夫斯克与凡尔赛》的演讲。在演讲中，希特勒慷慨激昂，明确指出，《凡尔赛和约》是不人道的，是对德国的罪恶压迫，是前所未有的侮辱。他富有煽动性的演讲，唤起了德意志的民族情绪，特别是对《凡尔赛和约》的仇恨。希特勒不是德国工人党的创始人，该党是慕尼黑机车厂技工安东·德莱克斯勒和记者卡尔·哈勒于1919年1月创立的。8个月后，希特勒加入该党，并迅速成为其主要领导人。

德国工人党的创始人之一德莱克斯勒，也是希特勒的发现人，对希特勒有过如下评价："权力欲和个人野心使阿道夫·希特勒先生在柏林待了6周后回到了他的岗位上，而他柏林之行的目的至今没有透露。他们认为时机已经成熟，可以借他背后暧昧不明的人之手，在我们队伍中间制造分裂和不和。他的目的完全是利用民族社会党作跳板，来实现自己的不道德的目的——篡夺领导权。"

1920年年初，希特勒开始负责德国工人党的宣传工作，自从他在维也纳社会党和基督教社会党的活动中看到宣传工作的重要性以来，一直对之狠下功夫。从负责宣传工作的那天起，希特勒便开始为这个小政党筹划大规模集会。

这一天终于来了，2月24日，希特勒在慕尼黑一家啤酒馆组织德国工人党大集会。大会上，他宣读了《二十五点纲领》并发表了演讲，2000人参加大会。大会一致通过了这个纲领，该纲领也成为以后纳粹党的党纲。大会是希特勒精心策划并组织的。那天，他穿一件破旧的老式蓝色外衣，看上去一点儿都不像演说家。他简单地概括了德国近10年的历史，语气平静，可是在讲到一战后席卷德国的革命时，声音里充满了感情。他打着夸张的手势，两眼放光，想法通过他那极富诱惑力的口才表达出来，令听众感到无比温暖，乃至如痴如醉，台下掌声淹没了怪叫声。

希特勒在慕尼黑一家啤酒馆组织德国工人党大集会

希特勒严厉谴责当局成吨成吨地印刷纸币，指责社会民主党只会迫害小市民，当"如果不姓汉梅尔伯格和伊西多尔巴赫，这样的小市民又有什么办法呢？"这句话一出口，支持者和反对者的喊声旗鼓相当。然而，当希特勒把攻击的矛头转向东方犹太人时，掌声再次淹没了怪叫声，甚至很多人喊出："打倒犹太人！"

希特勒在《我的奋斗》中，对这次集会有过如下描写：

喊叫声、猛烈的撞击声充斥着大厅，一些最忠实的战友和其他拥护者和捣乱分子打了起来……后者是共产党人和社会党人……好一会儿才慢慢恢复了秩序。我又能继续讲下去了。半小时后，掌声慢慢压倒了叫喊声……将近4小时后，大会结束。当人们散去的时候，我清楚地意识到，我们的运动原则跟德国人民走在了一起，这些原则将铭刻人民心中，再也遗忘不了了。

希特勒读完《二十五点纲领》后，将其要点交给听众，让其逐条判断。《二十五点纲领》的主要内容包括：全体德国人联合起来，组成一个大帝国；解决人口过剩的办法是殖民；在世界民族之林中德国应享有平等权利，废除《凡尔赛和约》，创建一支人民的军队；与犯罪分子进行无情的斗争，以加强法律与秩序；废除不劳而获，战争利润归公，无偿没收土地为社会所有；在大型企业内部实行利润分享，对大百货商店立即实行社会化，以低廉的租金租给小商贩；大力提高老年人的健康标准；犹太人当成外国人对待，剥夺其公开开办企业的权利，当国家发现无法养活全民时则将他们驱逐出境；对1914年8月2日后移民入境的犹太人立即驱逐出境。

《二十五点纲领》是德莱克斯勒、哈勒和希特勒3人匆匆忙忙草拟出来的，它将极端的民族主义和种族主义联系在一起，公开宣扬日耳曼主义和反犹太主义。《二十五点纲领》对于德国当时的中下层民众有着极大的吸引力，大批破产的中间阶层、流亡无产者纷纷加入德国工人党。

◎ 啤酒馆"革命"

4月1日，德国工人党改名为民族社会主义德国工人党（后又改为国家社会主义工人党），即纳粹党。在工人党改名的前一天，希特勒辞去军职，完全脱离国防军，全身心地投入纳粹党的事业。他还表示不论当时还是以后都不会从党里支取任何薪水。随后，他对纳粹党进行了一系列改革，从党章到党旗、党徽，特别是那个方形的"卐"符号。这些改革处处彰显着希特勒的色彩，后来成为二战的象征之一。希特勒采取的主要措施包括：自任第一主席，迫使党的其他领导人接受他提出的要求；修改党章，宣布《二十五点纲领》为党的正式纲领；撤销党的委员会。

1921年12月，德国纳粹党买下《人民观察家报》报社，这是一家负债累累的报纸，是一份每周出版两次的反犹小报。第二年，《人民观察家报》改为日报，这样希特勒就有所有德国政党必备的条件——依靠报纸来宣传党的主张。这份报纸迅速成为希特勒和德意志第三帝国（纳粹德国）的喉舌，为帝国的兴起起到了推波助澜的作用。

1921 年 1 月，战胜国向德国提出赔偿方案。方案要求德国在 42 年内偿付总共 2260 亿金马克的固定赔款，每年还要交付年出口值 12% 的不固定赔偿，方案当然遭到德国政府的拒绝。3 月 8 日，战胜国以德国拒绝支付赔偿为由，出兵占领杜塞尔多夫等鲁尔地区 3 个城镇，开始实施制裁。4 月 27 日，战胜国将赔偿总额减为 1320 亿金马克，分为每年支付 20 亿金马克的固定赔偿和交付每年出口值的 26% 的不固定赔偿。德国政府被迫接受，但是在支付了 1921 年度的赔款后因财政困难，要求延缓支付。

1922 年，德国马克汇率大幅下滑，经济发展缓慢。英国建议将赔偿金额减为 500 亿金马克，延期四年支付，但是法国和比利时反对减免，只同意延期两年。

1922 年 6 月，德国总理、当初宣布成立德意志共和国的社会党人菲利普·谢德曼被刺杀。6 月 24 日，德国外交部长缪勒在街头遇刺身亡，凶手是极右翼分子。摇摇欲坠的德意志魏玛共和国政府为了对付右翼分子的挑战，颁布了一项特别规定的共和国保护法，其中对政治恐怖行动规定了严厉的惩治办法。德国政府要求解散许多武装团体和结束政治上的无赖行为，但是巴伐利亚政府即使在温和派莱亨菲尔德伯爵领导下，发现要想遵守全国政府的决定也是相当困难的。当巴伐利亚政府企图实行取缔恐怖活动的法律时，右翼（希特勒是右翼分子公认的年轻领袖之一）马上组织了一个推翻莱亨菲尔德和进军柏林颠覆共和国的阴谋。魏玛共和国不仅受到极右势力的威胁，还经常遭到极左势力的胁迫。

1923 年 1 月 11 日，法国以德国没有履行赔偿义务为借口，伙同比利时出兵鲁尔，占领了德国的工业心脏地区——鲁尔盆地。由此，德法矛盾迅速激化。德国政府当即提出严重抗议，后来又鼓励鲁尔居民开展"消极抵抗"运动。当地居民拒绝与占领者合作，拒不服从占领当局的任何命令，拒绝向占领当局纳税，不跟占领者进行贸易，有的甚至发展成了流血冲突。

法国、比利时出兵鲁尔

法国出兵鲁尔对德国经济造成了巨大影响。德国丧失了钢产量的80%，煤炭产量的85%，铁路运输和矿山交通的70%。德国的对外贸易严重恶化，经济陷入崩溃。1923年，近15万德国居民被逐出鲁尔，德国政府为支持"消极抵抗"运动耗费了大量资金，人民生活遭到了毁灭性的打击。

1923年2月，德国纳粹党与其他几个极右团体组成了"祖国战斗工作联盟"，后又组成"德国人战斗联盟"，旨在推翻魏玛共和国，撕毁《凡尔赛和约》。

11月4日，是德国阵亡将士纪念日，慕尼黑市中心要举行军事检阅和民众游行。之前，报纸上已经公布，在一条通向英烈祠的狭窄街道上设立检阅台，接受军队敬礼。参加军事检阅的除众望所归的卢伯莱希特太子外，还有巴伐利亚三巨头卡尔、洛索夫、赛塞尔。纳粹党员里希特和罗森堡建议希特勒派几百名冲锋队员，在受检阅的军队到来之前包围这条街道，并用机枪加以封锁。然后，希特勒登上检阅台宣布革命，在手枪威胁下劝说这些权贵参加革命，帮助他领导革命。希特勒对两个人提出的建议感到很满意，并表示非常赞成。在约定的那天，当罗森堡提前赶到那条小街道侦察时，沮丧地发现，街道被一大批全副武装的警察完全警戒起来了。鉴于此，这次"革命"行动不得不宣布取消。

11月9日，是德意志共和国成立纪念日。上午，在贝格勃劳凯啤酒馆通往慕尼黑市中心的道路上，一支3000多人的队伍在希特勒和前帝国将军鲁登道夫的带领下，浩浩荡荡地急促前进。队伍前头飘扬着纳粹党的"卐"字旗和高地联盟的旗帜，队伍的后头是一些卡车和一些纳粹党冲锋队员。卡车上架着机枪，冲锋队员肩上挎着马枪，枪刺在阳光下闪着耀眼的光芒。这些人显然不是为了纪念日在游行，而是在进行荷枪实弹的暴动。

前一天晚上，希特勒和他的党徒们在贝格勃劳凯啤酒馆发动了暴动。在前几次行动失败后，希特勒非常重视这次行动。这次暴动的时间原来定在11月10日和11日，但是报纸上的一条简短的通告将时间提前了。报载，应慕尼黑企业团体的邀请，巴伐利亚长官卡尔将军将于11月8日晚在慕尼黑东南部一家名叫贝格勃劳凯的啤酒馆发表施政演说。届时，驻巴伐利亚的国防军司令、警察局长和政府部长及其他政要将列席参加。希特勒觉得这个机会绝对不能错过，他决定武力劫持巴伐利亚三巨头。

贝格勃劳凯啤酒馆暴动

当晚 8 点 30 分，纳粹的冲锋队将啤酒馆团团围住。数量上处于劣势的警察，见此情景，简直是一场梦。希特勒大喊："革命爆发了，大厅已被包围，谁都不准离开！"随后，希特勒向卡尔等巴伐利亚三巨头表示了歉意，说："这是为了德国的利益。"他说，警察局长波纳将出任巴伐利亚总理，以右派激进组织"高地联盟"为基础的新国民军将由鲁登道夫指挥。希特勒保证，在取得政权后，三巨头将会行使更大的权力：卡尔为巴伐利亚摄政，洛索夫为帝国陆军次长，赛塞尔为帝国警察部长。

在散会前，希特勒兴奋地发言道："我现在履行我 5 年前在军事医院一时成了瞎子时立下的誓言：要孜孜不倦地努力奋斗，直到十一月罪人被推翻，直到在今天德国的悲惨废墟上建立一个强大的、自由光荣的德国。"

暴动进展得异常顺利，这是希特勒当初不曾想到的。后来，工兵营地传来报告说：暴动部队正与工兵们争吵。希特勒当即决定前往该地解决问题。希特勒一走，洛索夫便说他必须回办公室去下达命令。鲁登道夫觉得有道理，便允许洛索夫走出啤酒馆。希特勒刚到营地门口，一点作用也没起，便被驱走了。一小时后，他回到啤酒馆，发现三巨头已经逃脱，刚刚到手的"猎物"从嘴边溜走了。

凌晨 2 点 55 分，洛索夫通过电台发表通电，希特勒的希望化为泡影。电文如下：

冯·卡尔州委员、冯·赛塞尔上校和冯·洛索夫将军业已镇压希特勒暴动。枪口下发表的支持无效，请勿误用上述人名。

洛索夫

局势迅速恶化，希特勒和鲁登道夫决定带领队伍向市中心进发，争取得到市民的支持，并占领慕尼黑的要地。这就是 9 日上午通往市中心大路上的一幕。当希特勒的暴动队伍来到陆军部附近时，双方发生了武装冲突。鲁登道夫当场被捕，希特勒受伤后逃走，两天后也被捕。虽然这次啤酒馆暴动没有成功，希特勒却成了闻名全德国的政治人物。

◎ 法庭雄辩

　　希特勒被捕了，可能因叛国罪被判处长期监禁，但他对自己充满信心。在坐牢期间，他就开始分析这次暴动没有成功的原因，发誓将来不会再犯同样的错误。在法庭上同检察官们唇枪舌剑的同时，希特勒考虑的是如何建立一个纳粹帝国。他在庭审发言时，有意向德国陆军示好。

　　我深信，机会总会有的。今天，街上站在"卐"字旗下的民众到时会同向他们开过枪的人团结在一起……我听说开枪的是绿衣警察，不禁感到高兴，因为玷污清白历史的不是国防军。我们的国防军仍然一如既往，清白无瑕。总有这么一天，国防军官兵都将站在我们这边。

　　希特勒刚开始发言就被法官打断了，法官说："阿道夫先生，你刚才说绿衣警察玷污了清白历史，不许污蔑警察队伍。"

希特勒毫不理会庭审法官的警告，继续畅所欲言：

我们的队伍在不断壮大，我非常自豪。相信总有一天，这些坚强的队伍会从连扩大到营，从营扩大到团，从团扩大到师，原来的帽章会从污泥中捡起，原来的旗帜会迎风招展。我们早已做好准备，准备面对上帝最伟大的判决。到那个时候，我们又将和好如初了。

此时的希特勒充满激情，双眼闪闪发光，满含深情地扫视了一下痴迷的旁听者，然后转过身，咄咄逼人地盯着法官和检察官说：

审判我们的不应该是在座的各位，而应该是永恒的历史法庭。你们将作出什么样的判决，我是再清楚不过的。然而，那个法庭不会问我们：你们是否犯了叛国罪？那个法庭会判定我们，前陆军军需总监（鲁登道夫），他的官兵，都是一心为了同胞和祖国愿意奋斗牺牲的德国人。你们可以不止千次地宣布我们有罪，但是永恒的历史法庭女神会一笑置之，把检察官的诉状和这个法庭的判决书撕得粉碎，因为她会宣判我们无罪。

希特勒的法庭演说赢得了旁听者的同情和支持，就连一向宣称公正的法官都被感染了。这其中就有希特勒的忠实信徒戈培尔。戈培尔第一次听希特勒演讲是在前一年6月的慕尼黑皇冠马戏场内。他听了希特勒的演讲后，惊叹道："现在我终于找到了应该走的道路……这是一个命令！"他痴迷于希特勒受审时的法庭表现。宣判后，戈培尔马上写信给希特勒："在慕尼黑的法庭上，你在我们面前表现了元首的伟大。你所说的话是俾斯麦以来德国境内最伟大的话。你所表示的不仅仅是你自己的痛苦……你提出了一代人的需求，这一代人苦苦在寻求领袖和任务。你所说的话是新的政治信仰，这种政治信仰是在一个崩溃的、无神的世界的绝望中产生的……我们都要感谢你。终有一天，德国也会感谢你的。"

德国刑法第八十一条规定："凡是图谋以武力改变德国宪法或任何地方宪法者，一律判处无期徒刑。"按照刑法规定，希特勒肯定被判处无期，可是法官宣判的结果是仅仅在兰德斯堡前炮台监狱服 5 年徒刑。即便这样，陪审法官还认为判重了，但是庭审法官向他们保证，希特勒服刑 6 个月后就有了申请假释的资格。果不其然，不到 9 个月，希特勒就被提前释放了。

在兰德斯堡前炮台监狱，希特勒受到了贵宾级的待遇，独处一室，窗外是迷人的景色。这个时候，他开始构思那本日后引以为荣的《我的奋斗》，向世人展露野心勃勃的梦想。他婉拒不断来访的宾客，召来战友兼狱友鲁道夫·赫斯，向他一章一节地口述《我的奋斗》。当初，希特勒把书名定为《四年半来对谎言、愚蠢和胆怯的斗争》。出版商马克斯·阿曼觉得这个书名太累赘，在征得希特勒同意后，将其改为《我的奋斗》。希特勒任总理的头一年，《我的奋斗》销售高达 100 万册，版税收入 100 多万马克，希特勒成为德国畅销书作家，同时也迈入百万富翁的行列。

出狱后，希特勒曾表示："我恢复自由以后，必须采取新的方针。我们将不再通过武装政变取得政权，而是要低调进入国会同天主教议员和马克思主义者议员打交道。"事实证明，希特勒的确是这么做的。他一改往日暴力夺权的策略，转而依靠垄断资产阶级、军官团及容克地主，重建纳粹党。

◎ 野心远不止这些

1923 年 11 月，协约国赔偿委员会作出决定，成立包括英国、美国、法国、意大利和比利时在内的各国代表组成的两个专家委员会：第一委员会负责研究有关平衡德国预算和保证通货稳定的方法；第二委员会负责确定已经流往国外的德国资金数目及寻求追回这些资金的途径。

1924 年 4 月 9 日，由美国金融专家查尔斯·道威斯负责的第一委员会经过 3 个月的工作，向赔偿委员会提交了一份长达 200 页的报告书，这个报告书被称为"道威斯计划"。其主要内容包括：1. 法国必须从鲁尔撤退；2. 赔款总额暂时不加以确定，但是 1924 到 1925 年度的赔款为 10 亿金马克，以后逐年增加，从第 5 个年度起，每年支付 25 亿金马克；3. 为平衡德国财政，保证赔款的偿付，由美国和英国共同给德国提供 8 亿金马克的贷款；4. 德国赔款来源由关税、运输税、工业利润、铁路利润以及烟、酒、糖、皮革等有保证的税收构成，每年在没有偿清赔款前，不准动用上述税收收入。

1924 年 6 月，德国的债权国在伦敦召开国际会议。会议主要议题是讨论"道威斯计划"。由于与会各国分歧太大，这次会议开了 2 个月，最终在美国代表团的斡旋下各国才达成了一致。8 月 16 日，经过讨论修改后的"道威斯计划"终于通过了。它规定在外国贷款的基础上，按德国的偿付能力重新确定了年度赔偿额，恢复赔偿支付，从而结束了法国、比利时对德国的占领。"道威斯计划"从 9 月 1 日开始执行，法比军队开始陆续撤出德国鲁尔地区，到 11 月 18 日完全撤出。

讨论"道威斯计划"

一战结束几年后，德国经济情况才开始有所好转，它迫切需要向外界发出自己的声音。1924 年 9 月 29 日，德国向战胜国发出了一份照会。照会中提出，接纳德国加入国际联盟，免除战争责任，取得殖民地委员会统治权，以及修改《凡尔赛和约》中关于德国在军备方面的不平等状况的军事条款。

德国提出的三条要求，首先受到法国的阻拦。在法国人看来，随着德国经济、军事潜力的恢复，法国有可能受到德国的报复。英国不反对德国加入国际联盟，而且还打算由此重新缔结一个关于保证德国边界的协定。

1925年2月26日，纳粹党报《人民观察家报》解禁，当天希特勒发表长篇社论《新的开端》，标志着纳粹党开始复活，可以正常活动了。

1925年5月，在德国驻外大使馆及领事馆里，人们发现，除了悬挂德意志魏玛共和国的国旗外，还悬挂了德意志帝国时期的黑白红三色旗帜。这是兴登堡元帅当选魏玛共和国的第二任总统后出现的新动向。两个月前，魏玛共和国首任总统艾伯特不幸病逝。4月26日，兴登堡当选为总统。当上总统后，他毫不掩饰自己军国主义的政治立场，他说："我经常看着皇帝的照片，问我自己，这位至尊的皇帝在这个问题上作何决定？"

9月7日，德国外交部长施特莱斯曼致信前德皇太子。他在信中写道："依我看来，近期内德国外交面临着三大任务：第一，作为加强德国未来地位的前提，赔款问题和保障和平问题要求有一个利于德国的解决办法；第二，我在这里要提出侨居外国的德国人，也就是身居异国、遭到外族压迫的1000万至1200万同胞的问题；第三，修改东部边界，将但泽和波兰走廊还给德国，修改西里西亚边界，将来合并德国属地奥地利。德国所期望的不仅仅是恢复到战前，而是远大于此。"

10月5日，讨论德国加入国际联盟的会议在瑞士的洛迦诺举行。在与会代表还没有到齐的情况下，会议就开幕了。德国派出了庞大的代表团，以完全平等的与会国身份参加会议。会上，德国代表态度蛮横。然而，德国的愿望却得到了实现。不到一年时间，德国便正式加入国际联盟，不久还成为国际联盟常任理事国。从此，德国一改战败国的地位，终于可以跟英法等国平起平坐了。德国的野心远不止这些。

10月18日，德国外交部长施特莱特斯曼在洛迦诺国际会议第四次会议上发表声明："由于德国处于解除武装的状态，直接军事参加是不可能的。要知道，德国现在是否拥有军队，或它现在的武装力量应被看作仅是警察部队，根本已成问题。因而，要让德国参加军事行动，至少必须加强其武装。"施特莱特斯曼闪烁其词，但武装德国、重新称霸的野心昭然若揭。

这一年，希特勒开始践踏《凡尔赛和约》，公然宣称德国要重整军备，并着手制订战争计划。这个时候，希特勒还只不过是慕尼黑一位不起眼的纳粹思想的传播者。希特勒的计划是，将战败后只允许德国拥有的10万兵力扩充到280万。他设想的军队的组成结构为8个满编集团军、102个师和252位将军。当然，要实现这项庞大的计划，需要巨额的财政开支。其实，德国国防军从20世纪20年代末就有了一项秘密预算。德国对法国占领其鲁尔工业区特别仇恨，该计划准备于1935年开战，把法国作为首要攻击目标，后来因为国内政局的巨变而一再推迟。

1926年10月底，希特勒任命戈培尔为柏林的纳粹党区领袖。他指示戈培尔肃清那些妨碍纳粹运动在那里发展的互相争吵不休的褐衫队员，把德国首都拿下来。

1927年，德国陆军禁止征募纳粹党人参加国防军，甚至禁止雇用纳粹党人在军火库、兵站中担任文职工作。

1928年5月20日，德国举行国会选举。纳粹党获得全部选票3100万张中的80.7万张，一跃成为国会第二大党。

1929 年 3 月 15 日，希特勒在慕尼黑发表演讲，要求陆军重新考虑其敌视国家社会主义运动和支持共和国的态度。他说："从事破坏的政党是没有前途的，拥有人民的政党、准备并且愿意同陆军联合起来以便有朝一日协助陆军保卫人民利益的政党才是有前途的政党。另一方面，我们至今仍看到我国陆军军官还在煞费苦心地考虑能与社会民主主义合作到什么程度。可是，亲爱的先生们，难道你们真的相信，你们同那个以促使陆军赖以存在的一切基础归于解体为宗旨的政党有任何共同之处吗？"

1929 年 3 月 15 日，希特勒来到慕尼黑

接下来，希特勒用一种预言性的口吻警告陆军军官，如果马克思主义战胜了纳粹党人，陆军会有什么下场。他说一旦发生这种情况"对于德国陆军，你们就可以写下：德国陆军的末日。因为到了那个时候，先生们，你们就必须成为政治工具……到了那个时候，你们会成为那个政权和政治委员的刽子

手。一旦不听话，你们的妻儿将被囚禁。如果仍不听话，你们就会被一脚踢开，也许是站在墙下就刑……"

为了能在陆军之间广为宣传希特勒的这篇演讲，《人民观察家报》发行了专供陆军阅读的特刊，全文刊登演讲稿。另外，纳粹党还在最近一期发行的军事月刊《德国国防精神》上发表了评论希特勒演讲的文章。

到 1930 年年初，纳粹党利用报刊宣传产生了显著效果。许多年轻军官开始为希特勒狂热的民族主义情绪及其描绘的恢复陆军昔日规模和光荣的前途所吸引。纳粹党涉足军队的情况越来越严重，终于引起国防军的警觉。国防部长格罗纳将军于 1 月 22 日发布了一项命令，宣称，纳粹党一心想夺取政权，为了利用国防军来实现他们党的目标，于是千方百计地讨好。

1931 年秋，希特勒说："如果我现在掌权的话，就把陆军部长叫过来，问他：'全面武装需要多少钱？'如果要求 200 亿、400 亿、600 亿甚至 1000 亿，他一定会得到。那时人们就武装、武装、武装……"

1932 年 1 月 27 日，企业界在杜塞尔多夫市举行集会。他们邀请了希特勒参加。在钢铁巨头蒂森的引荐下，希特勒与企业界上层人物见了面。希特勒在会上做了长达两个半小时的演说。他激情四射，口若悬河。企业家们被完全征服了，会场掌声不断。演讲结束后，全场起立欢呼。蒂森更是兴奋地高喊："希特勒万岁！"在得到大资本家的支持后，希特勒的腰板就更硬了。

随后，希特勒参加了总统竞选，结果失败了。8 月，他又以国会第一大党的名义向总统兴登堡要总理职位，结果也没有成功。然而，这些失败却没有影响资本家们对希特勒的信心，他们极力促使总统任命希特勒为总理。23日，在杜塞尔多夫举行的朗纳姆联盟会议上，资本巨头们提出，如果不委托希特勒建立政府，哪怕理由多么冠冕堂皇，都将是一个巨大的错误。

11月11日,50多名大工业家、大地主联名给总统兴登堡写了一封请愿书。请愿书指出，只有委托民族运动的最大集团的领袖负责领导一个具备实际能力和个人才干的人士组成的总统制内阁，才能消除任何群众运动所必然带有的渣滓和弊端。

◎ 窃国成功

1933 年 1 月 30 日，兴登堡任命希特勒为内阁总理，标志着纳粹德国统治时期的开始。纳粹党执政后，军费一增再增，掀起了扩军备战的狂潮。德国政府煽动德国人民为"生产原料战斗"出钱出力，劝告人们把餐桌上的美味换成便宜食品，"我们可以没有黄油，但是不能没有武器。尽管我们热爱和平，但是我们不能拿黄油射击，只能用大炮"。在入侵波兰前夕，德国的工业产量仅次于美国和苏联，位居世界第三。

希特勒上台后，戈林因对希特勒忠心耿耿及其处理事务时的才能而受到重用，成为纳粹党二号人物，掌管空军，同时兼管警察部门。

戈林野心勃勃，企图建立一支强大的空军，在确立了自己的绝对权威后，曾吹嘘道："所有能飞的东西，都归我管！"在那一时期，德国的航空事业出现了一片繁荣的景象，但是碍于国际社会对当时的德国人力物力的限制，德国制造飞机的能力远远达不到纳粹的要求。于是，戈林找到汉莎航空公司（编者注：当时世界上规模最大，装备最好的航空公司）的经理米尔契，并许诺德国空军二把手的位子。为适应战争的需要，米尔契与其助手经过两天半不分昼夜的工作，为德国的飞机制造业拟订了一套详细计划。

希特勒出任内阁总理

戈林及纳粹党为了实现其空军发展计划，采取了各种措施，包括接受其他公司的财产，或由政府暗中进行扶持。为了躲避协约国的监视，他们往往以空军的名义建立各种公司，然后将大笔无息或低息贷款注入。这样一来，德国的飞机制造业就飞速发展起来了。

戈林上任后的另一件事是把刑事警察中的政治部门、政治警察、谍报警察合并成立秘密国家警察处，俗称"盖世太保"，直接归他领导。盖世太保权力顶天，可以任意抄家、逮捕、没收财产、窃听电话和拆查私人信件。

另外，希特勒还有两支秘密武装——党卫队和冲锋队。党卫队是根据希特勒的旨意，从纳粹党冲锋队中抽调骨干组成的，是希特勒的安保部队，刚成立时只有280人，而冲锋队作为纳粹党的附属武装人数多达6万人。党卫队于 1925 年组建，希特勒于 1929 年 1 月任命希姆莱掌管党卫队。

希姆莱想控制德国正在扩建的警察机构，一次次冲击戈林的警察机构，均以失败告终。为使党卫队达到精锐化，与冲锋队招收的大多数是穷困潦倒的成员不一样，希姆莱招收了许多精明干练人士。到 1930 年年底，党卫队已达 3000 人。后来，党卫队与冲锋队之间的敌对情绪愈演愈烈，希特勒干预过多次。希特勒担心冲锋队对自己不忠，转而支持党卫队。到 1933 年，党卫队人数已达到 5 万人。至二战前夕，党卫队人数接近 25 万人。

2 月 20 日，上任三个星期的希特勒在戈林的官邸会见了 20 位工业巨头。希特勒滔滔不绝地讲了 90 分钟，这些大工业家们为这位新上任总理的热情所打动。希特勒说："任何文化的好处都必须或多或少地借助铁拳才能传播。"他还说，工业界和陆军一定要恢复德意志昔日的荣耀。

在座的工业巨头们慷慨解囊，纷纷起身表示支持纳粹党的事业。最先表态的是著名工业家和军火商古斯塔夫·克虏伯，他和其他人一起为德意志新帝国的荣耀一下子拿出 300 万马克。依靠希特勒给军火商提供的大量订单，商人们赚足了钱。在希特勒的授意下，政府规定："所有工业企业必须为军备服务，否则就得关闭。"因此，德国许多企业转入军工业生产。

3 月，希姆莱在慕尼黑西北的达豪城一家工厂建立了可容纳 5000 人的集中营，这也是纳粹德国的第一所集中营。希特勒听权威人士说，德国人口的 20% 有遗传性生理缺陷，于是在掌握政权后，立即制定了种族卫生学纲领。7 月，希特勒内阁公布了一项相关法律。从此以后，报告遗传病患情况成为医生的义务，以便让患者实施绝育手术。绝育和流产是纳粹德国"消灭没有生存价值的人"所易于推行的第一个步骤。几个月后，内政部长威廉·弗里克起草了协助地方卫生局行动的法律，这个法律与在每个党的地区级组织的种族政治学机构的现行法律并行。在同一天，巴伐利亚省卫生事务专员极力鼓吹不能只是采取绝育方针，对于精神病患者、低能儿及智能低于正常的人必须挑出来加以灭绝。

纳粹德国恐怖的集中营

7月14日，希特勒颁布了一项禁止成立新政党的法令。法令规定，民族社会主义德国工人党是德国唯一的政党。凡组织新政党者以反叛政府行为论罪，将受到严厉惩处。次日，希特勒又颁布一则经济法令，命令一切工业组织成立辛迪加，统治国内市场并操纵物价，并成立了全国最高的经济机构——德国经济总会。总会由12名大工业家、大银行家、大商业家和5名纳粹分子组成了领导集团，以维持国内经济秩序为名把持了国家的经济管理权。

1933年夏，冲锋队首脑罗姆利用几百万冲锋队员对纳粹政府的失望情绪，煽动冲锋队制造恐怖事件。一场权力争斗在纳粹党内部展开。戈林感到大难临头，连忙与希姆莱握手言和，经过讨价还价，戈林被迫把秘密警察处让给希姆莱的亲信海德里希。

12月，在国防部长勃洛姆贝格的主持下，德国制订出了新的扩军计划。计划规定到1938年4月1日建立21个步兵师、3个骑兵师、1个骑兵旅、1支装甲部队和1个轻装甲师。陆军总兵力为30万人，战时经动员可扩展到63个师，其中包括33个野战师。后来，希特勒下令将完成期限提前到1934年秋。实际上，到1934年秋，德国陆军已经达到25万人。

1934年1月，德国同波兰签订《德波互不侵犯条约》

1934年1月，德国同波兰签订《德波互不侵犯条约》。波兰政府认为，《德波互不侵犯条约》签订后，波兰可以不再依赖法国，执行独立的外交政策，并借助德国的工业来增强波兰的国防力量。苏联怀疑《德波互不侵犯条约》

中隐藏着反苏的秘密条款，波兰有可能同希特勒沆瀣一气进攻苏联。希特勒当然有他的打算：一是想让波兰充当德国侵略苏联的助手，二是想让波兰成为德国进攻西欧时免遭苏联攻击的盾牌。该条约与波兰在德苏之间保持均衡的立场完全不相容。

3月13日，德国经济部发布控制产业的新法令。法令规定：经济部拥有创设、解散或合并所有工业组织的权力；拥有向各企业派遣领导人的权力，凡违抗经济部命令者，政府立即给予惩处。

6月17日，希特勒签署一项法令，以解决希姆莱与戈林之间长达两年的权力之争。希姆莱成为党卫队和警察的总监。希特勒还有一个心腹大患，那就是老纳粹党员罗姆及其指挥下的冲锋队，杀掉罗姆就成了希特勒的唯一选择。罗姆原是希姆莱的上级，但心狠手辣的希姆莱是决不会顾及旧情的。此时的罗姆野心勃勃，得罪了不少人。希特勒感到如芒在背，除掉罗姆才能让各个实权集团满意。希姆莱在全国范围内展开大屠杀，党卫队火并冲锋队，使德国差点处于内战边缘。短短一周内，几百万冲锋队武装便土崩瓦解了。

6月30日夜，希特勒亲率党卫队与正规军血洗冲锋队总部，枪决了包括罗姆在内的200多名冲锋队领导人，被杀的还有1000多名冲锋队队员，这次行动被称为"长刀之夜"行动。几天后，希姆莱对警察机构进行重组，成立普通警察总署和海德里希领导的保安警察总署。普通警察由郊区农民和城市警察组成，保安警察由政治警察（盖世太保）和刑事警察组成。

8月2日，德国总统兴登堡病逝。在总统去世的前一天，希特勒召开内阁会议，通过了《德国元首法》。该法规定，德国总统职务和总理合而为一，总统原有的职权自然就移交给了总理希特勒。

一个月后，德国纳粹党在纽伦堡召开大会。会上，20万纳粹党员聆听了希特勒的演讲。希特勒一再宣称："我们是强大的，我们必须更加强大！"纳粹党徒们竭力吹捧他们的元首，"纳粹党就是希特勒，希特勒就是德国，德国就是希特勒！""万岁——希特勒""希特勒——万岁"的口号声喊得一浪高过一浪。这次大会后，"万岁——希特勒"就成了纳粹党党员之间互相问候的通用语，也成为二战的一个标志性语言。

◎ 第一次赌赢

11 月 27 日，希特勒授意德国经济总会颁布《德国经济有机建设条例》。条例规定：德国经济分为工业、商业、银行、保险、能源和手工业六大组，全国所有私人企业均须加入，分属各组。纳粹党对全德大小公司和企业董事进行了清洗，大批犹太资本家及对纳粹党持反对意见的人被赶出了董事会，由清一色的纳粹党领导成员组成了新的垄断资本集团。这样，德国的工业巨头们大部分以"国家干部"的身份出面，领导和控制着各个经济部门。在各个经济部门实行"领袖原则"，下级要绝对服从上级。这样，希特勒的纳粹德国就建立起了一套适合总体战争需要的国民经济管理体制，以保证国家经济最大限度地为战争服务。

1935 年 3 月 16 日，希特勒公开撕毁《凡尔赛和约》，明目张胆地扩军备战，迅速完成了扩军计划。随后，希特勒发表了关于重整军备的声明，宣布正式建立国防军。戈林正式向世界宣布，德国已经建立了自己的空军。此时，德国空军有飞机 1500 架，其中作战飞机 800 架。

希特勒公开撕毁《凡尔赛和约》

　　4 月 5 日，美国驻德国大使多德向美国政府报告说："在德国，到处建造了巨大的兵营，兵营四周是大型的教练场，还建造了许多飞机场，机场上巨型轰炸机日夜进行着演习。"

　　6 月，纳粹德国以法律的形式规定凡有遗传病基因的孕妇必须令其流产。希特勒曾对卫生界人士说，一旦战争来临，他将"着手处理无痛苦致死术问题"。两年后，希特勒收到一个出生在莱比锡的畸形低能儿的父母来信。孩子的父母在信中，请求希特勒救救他们的孩子。这封来信促使希特勒开始直接参与有关无痛苦致死术的实施工作。希特勒派他的外科医生卡尔·勃兰特去给那个畸形儿做检查。勃兰特将检查的结果向希特勒作了汇报。当听到医生对患儿情况的可怕描述后，当即授权给他的医生，让那个孩子"睡去"。

同时，希特勒还向负责处理德国公民来信的总理府官员布勒和勃兰特口授命令，以后凡是遇到类似病例，都可以采用这种方法处理。

9月15日，希特勒政府颁布了《德国公民权》。规定："德国的公民权仅指具有德意志及其同种血统并通过其行动表示愿意及个人适宜于为德国人民及德国尽忠服务的人。"同一天，还颁布了《德意志血统及荣誉保护法》，其中规定："禁止犹太人与德意志或其他血统的公民结婚；禁止犹太人与德意志及其同血统的公民发生法外婚姻关系；禁止犹太人升德国国旗或出示象征德国的颜色。"

1936年3月2日，德国国防部长勃洛姆贝格遵从希特勒的指示，向武装部队发出实施"训练"计划的命令。这个"训练"计划是十个月之前勃洛姆贝格指令海陆空三军制订的，其核心内容是"以闪电速度突然一击"，重新占领莱茵非军事区。"训练"是这次行动的代号。

7月22日晚，希特勒在拜罗伊特的瓦格纳音乐节上欣赏完一场歌剧，刚刚回到官邸，拜罗伊特纳粹党头目领着一名从摩洛哥来的德国商人求见。这名商人带来了西班牙叛军首领佛朗哥的紧急求援信。西班牙地处西南欧洲，战略位置非常重要，希特勒垂涎已久。当晚，希特勒领导下的纳粹德国便做出了援助西班牙叛乱的决定。10月初，德国出兵西班牙，这不仅是反对共产主义的战争，更是为了测试一下新式武器，进行实战演习。这是一战后的德国首次向境外派兵。

1937年3月7日，一支全副武装的德军部队迅速跨过莱茵河桥，向亚琛、特里尔和萨尔布吕肯挺进，很快占领莱茵非军事区。10时，德国外交部长牛赖特召见了法国、英国、比利时和意大利驻德国大使，向他们通报了德军进入莱茵区的消息，并交给他们一份德国政府的备忘录。两个小时后，希特勒在国会发表讲话，他说："德国不再受《洛迦诺公约》的约束。为了德国人民维护边界的安全和保障起见，我国政府已从今天开始重新确立了我国在非军事区不受任何限制的绝对主权，在恢复我们民族的光荣的时候决不屈服于任何力量。"

1937 年 3 月 7 日，德军占领莱茵非军事区

其实，德国的这次行动是冒着巨大风险的。帝国总理府高级翻译保罗·施密特曾听希特勒谈到这次行动的感受，他说，"在进军莱茵区以后的48 小时，是我一生中神经最紧张的时刻。如果当时强大的法国军队也开进莱茵区，那么我们就只好夹着尾巴逃跑了，因为我们手中可以利用的那点军事力量，即便稍作抵抗，也是完全不够的"。

对于德国的这次行动，英国第一个站出来劝告法国不要惩罚德国，声称莱茵区是德国的领土，德国只是"回到自己的后花园"。法国人竟然听从了英国人的劝告，没有采取任何行动。当法国内阁在讨论是否采取行动时，总参谋长甘末林说："一个军事冲突，无论多么有限都可以招致无法预料的全面战争，因此在没有做好准备以前不能贸然出兵。"

就这样，德国赢得了这次凶险的赌博。

◎ 为征服，疯狂扩军

希特勒刚上任时，德国经济萎缩，军事力量脆弱，现在的德国既有性能先进的武器，又有在西班牙练就了一身胆略和技术的飞行员和坦克指挥员。德国陆军的主力是国防军陆军和党卫军部队。到 1939 年 9 月 1 日，德国的陆军总数高达 275.8 万人，包括 39 个步兵师、3 个山地步兵师、5 个坦克师、4 个轻步兵师和 1 个骑兵师，共 52 个师，不过这些师并不是满员师。装备有各型装甲车 3200 辆，反坦克炮 1.12 万门、迫击炮 3340 门，作战飞机 4093 架，以及大量工程、通信等装备和器材。数量众多的"教导分队"成为全国动员时组建新部队的核心力量。德国组建了大量的重炮兵和坦克兵部队。另外，通信兵、工程兵等专业兵种的兵力更是得到了前所未有的扩充。

德国在扩军过程中遇到了许多问题，如兵源不足、军官训练不够、武器装备不足等，这些直接影响了希特勒扩军备战的质量。当时，德国陆军装备非常陈旧，甚至连士兵用的步枪都破旧不堪。出于发动战争的需要，德国又建立了 46 个师，给这些师补充兵员的任务尤其艰难，只好多征召第一次世界大战后出生的人。然而，1901—1914 年期间出生的人都没有进行过军事训练，只能从头开始。德国把正规军淘汰下来的破旧装备、奥地利制造的装备和捷克斯洛伐克军队缴械的装备都用来装备这部分部队，即便这些破旧装备也只能勉强凑够数。

德国陆军有很多缺点，也有很多优点，这些优点在战争期间才显现出来。德国陆军与其对手相比，总体上拥有更加合理的编制，官兵素质较高。德国陆军新组建不久，采取了特殊措施，使军队具有更加合理的编制，拥有比较精良的装备。正规军早在和平时期就达到了德国统帅部规定的数量，且装备有现代化武器。德国陆军的训练继承了陆军的优良传统。他们是长期服役的职业军队，国防军的训练水平比欧洲其他国家要高出很多。

德国陆军的优势还体现在其他方面。德国陆军根据普鲁士传统保留了士官，士官为数众多，训练有素。大批士官成为德军人员选拔、教育和训练的典范。当时，欧洲其他国家的军队都没有士官。尽管德国陆军不断扩大，但大批士官作为军队训练的基础保证了每支部队的较高素质。另外，战前从大批士官中提拔的很多优秀的军官，事实证明其素质非常高。

德国陆军对军官的要求非常苛刻，扩大军官的数量远比扩大士官的数量难得多。军官出现供不应求的状况，加上新组建的空军又从陆军 3500 名军官中抽调了 500 名军官，因此，德国不得不大量恢复现役的原德皇军队的军官和大批在警察中服役的一战老兵，这些人大多被调到陆军担任连长和营长。预备部队的军官只能重新培养。当时，担任预备部队基层部队的军官一般由参加过一战的优秀士兵担任。

一战的失败给德国军队带来很多的经验和教训，大大提高了军队的战力，这是其他国家难以企及的。德军将领们认为快速行动具有巨大的优势，快速行动应由飞机、坦克装甲车、自行火炮等新装备来完成。组建大量的快速机械化部队，并与训练有素的空军部队配合作战，进行战术突破，具有决定性的战略意义。

与此相反，法国军队由于一战的胜利，固执地守着1914—1918年在西线占优势地位的阵地战观念不放。根据法国人的经验，在一战中，防御一方的优势竟然强过攻击一方，所以他们依然觉得使用大量新式武器提高防御很有必要，而且在炮兵方面达到绝对优势尤其必要。

二战初期，德国国防军只有正规军在编制、训练水平和军官素质上胜过对手。法国在1939年秋不想离开马奇诺防线去进攻当时综合实力比较弱的德军，使得德军有了进一步增强上述优势的机会。

二战爆发前，德国空军发展速度十分惊人。由于《凡尔赛和约》禁止德国拥有空军，在一战期间组建的空军于1920年解散。德国人明白，哪怕是最弱小的武装力量也离不开飞机，尽管一战时飞机的任务只是侦察。基于这种观念，德国人对《凡尔赛和约》规定的军事限制根本就没有打算遵守。陆军军官中尤其是一些一战时的空军军官，想方设法发展空军。开始时，他们的活动仅限于对空军理论问题的讨论和研究。他们认为，最重要的是在训练飞行员上决不能落后于英法等国。

按照1926年《巴黎航空协定》规定，英法等国允许德国陆军和海军每年训练36个飞行员，以参加航空比赛。德国陆军和海军利用经短期训练后退入预备役的制度，每年多训练一些飞行员，派这些飞行员去国外进行补充训练。

20 世纪 30 年代初，德国的民航驾校开始培训飞行员。然而，民航驾校无法进行飞行战斗训练，德国飞行员必须到国外才能进行训练，因此，这种训练的规模不大。截至 1933 年，德国陆军和海军共培养出 2500 名飞行员。

根据《巴黎航空协定》的规定，德国航空工业也受到诸多限制。于是，德国的一些飞机制造公司就在国外建立分公司，用国外制造的飞机来训练自己的飞行员。在德国只能制造教练机，这些教练机只能作侦察机使用。从 1933 年开始，德国开始制造先进的军用飞机，并修建了大量机场，空勤和地勤人员随之迅猛增加。为了给空军补充人员，从陆海军抽调了大批训练有素的驾驶员和观察员。另外，很多军官被调到空军。

与其他国家的空军相比，德国空军的优势是全部为新型飞机。德国空军装备了很多新型飞机，在世界空军力量对比中逐渐具有了决定性的优势。1934—1939 年，德国每年生产的飞机由 900 架激增为 6000 架。到 1939 年战争爆发时，德国组建了 5 个航空兵师和 1 个空降师。在质量方面，德国飞机比法国飞机优越，大致与英国飞机性能相当，因为英国空军很快也装备了新飞机。在数量上，若只算新式飞机的话，德国比英法波三国的飞机的总和还要多。

由于德国空军起步较晚，新航空部队又不断组建扩大，只能靠受过训练的人员来扩大部队的数量，这使得直接作战的航空兵部队人员素质大大降低，而且预备部队人员也出现了严重不足。德国空军人员虽然培训时间不长，但素质在二战期间仍然超过英法等国。然而，仅靠空军战胜英国显然是不可能的，因为德国空军还没有做好战争准备。在德国西北部，机场较少，这严重地影响了对英空战，加上德国后备飞行员和观察员严重缺乏，这些都是德国空军不可能战胜英国空军的重要因素。

德国海军的情况与陆军和空军相比要差得多。德国海军刚刚起步，还没有形成战斗力。

1932年11月，德国一年的海军军费只有1.8亿马克。1933年，德国海军只有1艘装甲舰、3艘定期班轮、5艘轻型巡洋舰、12艘鱼雷艇及若干其他船只。

纳粹党执政后，希特勒马上追加海军军费，至1939年海军军费达到23亿马克。海军与陆军和空军一样从1935年开始完全摆脱了《凡尔赛和约》的束缚。不过，海军从废除《凡尔赛和约》得到的好处，远远比不上陆军和空军。

二战爆发前，德国海军有2艘战列舰、3艘袖珍战列舰、2艘重巡洋舰、6艘轻巡洋舰、22艘驱逐舰、20艘鱼雷舰、35艘近海潜艇、22艘远洋潜艇、17艘鱼雷艇。而当时的英国海军拥有8艘航空母舰、12艘战列舰、3艘战列巡洋舰、15艘重巡洋舰、49艘轻巡洋舰、119艘舰队驱逐舰、64艘驱逐舰、45艘扫雷舰和岸防舰。两者对比，天壤之别。

德国海军发展缓慢的主要原因是，希特勒出于德国军事上的需要，必须优先扩充陆军和空军。1938年夏，德国开始修筑齐格菲防线，消耗了大量人力物力，工业部门无法完成其他战备任务，留给海军的只有微不足道的军费，仅够建造一些省钱的潜艇。对于海军，希特勒有自己的长远规划，他计划在1944年或者1945年前完成海军的重建工作。按照希特勒的计划，海军应该强大到拥有足够的作战舰艇，能在大西洋上与英国海军抗衡。然而，战争提前爆发了，德国与英国开战，而那时的德国海军处于刚刚起步阶段。

德国海军尽管没有实力与英国海军作战，但空军可以参加海战，而战舰的作战半径比一战大很多，这对于德国海军来说，是不幸中的万幸。因此，德国海军可以完成其在波罗的海的任务，即对闪击波兰提供保障，同时保障瑞典北部的矿石海运。

综上所述，截至 1939 年 9 月 1 日，德国在各方面都做好了打一场短期战争的准备，但是还没有做好进行一场长期战争的准备。尽管德国的战争准备不够充分，但是在其军事理论家看来，德国的弱势不会在战争初期暴露出来，于是希特勒和他的纳粹德国决定发动一场前所未有的征服性的战争。

第二章　玩弄阴谋

　　里宾特洛甫和戈林轮番上阵，威逼利诱，甚至围着桌子追逐哈查，逼他在文件上签字。最后，老总统哈查被折腾得晕死过去，在门外守候的医生赶紧实施抢救。如此反复昏迷几次后，哈查终于屈服了。

◎ 把武力冒险置于首位

　　1936 年 8 月，第 11 届奥林匹克运动会在德国柏林举行。柏林举办奥运会不仅显示了一战后德国的实力，更重要的是将会有数以千计的外国来宾云集柏林。希特勒是不会错失这个炫耀纳粹政权力量的机会的，他几乎每天晚

1936 年 8 月，第 11 届奥林匹克运动会在德国柏林举行

上都要为来宾政要举行盛大的招待会和音乐会，还要燃放烟火。当然，希特勒也想趁此机会，全面展开外交攻势。

经过分析，希特勒发现德国和日本的方针有很多相似的地方。早在6月，他在接见日本大使武者子路时，就曾表露过这种想法。武者子路也坦率地承认，日本已经发生了本质的变化，变成了独裁主义，他们把布尔什维主义和共产主义思想当作最大的敌人。武者子路向希特勒转达了日本政府对希特勒的同情及愿意同德国进行最密切合作的意向。这显然正中希特勒的下怀，他当即表示由衷的感激和赞同。

8月16日，时任德国驻英大使的里宾特洛甫负责跟日本人谈判，他向希特勒报告，日本原则上同意和德国缔结一项"反共产主义公约"。希特勒当即在报告上批示同意。

11月25日，里宾特洛甫和武者子路作为两国特命全权代表，在柏林签署了《德日反共产国际协定》及各种补充秘密协定、附件和备忘录。虽然《德日反共产国际协定》没有什么实质性的内容，但补充秘密协定中却规定，签字国任何一国不得同苏联缔结违反《德日反共产国际协定》精神的任何政治条约；如果苏联对任何一国发动进攻或者威胁要进攻的话，另一国不应当采取任何有可能缓和苏联局势的措施，而是立即磋商采取什么措施来保卫他们的利益。

在签字仪式上，里宾特洛甫发表讲话："德国和日本已经联合起来保卫西方文明。日本决不允许在远东传播布尔什维主义，德国正在中欧建立一道预防这种瘟疫的屏障。最后，正如意大利领袖墨索里尼向全世界表明的那样，意大利将在南方竖起反布尔什维克的大旗！"

德日签订《反共产国际协定》

里宾特洛甫的话并非空穴来风。就在一个月前，德国和意大利签订了一份议定书。议定书明确指出：德国正式承认意大利兼并埃塞俄比亚；两国确定在"不干涉委员会"内的共同行动路线，承认西班牙的佛朗哥政府，进一步加强对其军事援助；两国还划定了各自在巴尔干地区和多瑙河流域的经济扩张范围。

1936年是希特勒和墨索里尼频繁接触的一年，而德意议定书则是他们频繁接触的成果。年初，意大利派了一个代表团访问德国。几周后，墨索里尼的女儿埃达到德国，受到极其隆重的接待。6月，意大利空军参谋长访问柏林。两个月后，德国陆军代表团出现在意大利的军事演习场上，不仅受到墨索里尼的接见，还拜会了意大利国王和王储。

为了签署德意议定书，墨索里尼派他的女婿、意大利外交部长齐亚诺带着一份秘密情报访问德国。这是一份英国政府内部案卷，题为"德国的危险"。希特勒在他的别墅里接见了齐亚诺。在接见时，希特勒极力吹捧墨索里尼是天下第一流的政治家，是谁也比不上的人。他慷慨激昂地对齐亚诺说，只要德意两国联手，不但可以征服布尔什维主义，还可以征服整个西方。

墨索里尼不甘示弱，在米兰教堂广场发表演说："新时代已经开始，罗马和柏林的垂直线不是障碍，而是轴心。围绕这个轴心，所有愿意进行合作和维护和平的欧洲国家可以团结起来。"

1937年1月30日，希特勒在国会发表演说，宣称德国撤销《凡尔赛和约》上的签字，这是一个空洞的然而是典型的姿态，因为和约这时早已成为一张废纸。他还自豪地回顾了执政四年来的成绩。对于希特勒的演说，英法两国虽然感到震惊，但没有行动起来阻止希特勒重新武装德国。

1937年5月28日，推行绥靖政策的张伯伦出任英国首相。主战的丘吉尔为了进入内阁，在发言中称赞张伯伦是杰出的议员和活动家。张伯伦不但没有提拔丘吉尔，反而不断排挤他。原因是他担心丘吉尔代表的主战派在政府中可能变得势力过于强大。张伯伦主张推动德国与苏联交战，这样既可以削弱苏联，也可以削弱德国。丘吉尔不认同张伯伦的政策，他四处演讲，说德国是英国最大的威胁。

张伯伦和希特勒的合影

11 月 5 日，德国武装部队三军总司令联席会议在总理府召开。会议主要讨论军备和原料问题。16 时 15 分，会议正式开始。希特勒首先解释了举行这次会议的目的。他说，因为会议讨论的问题非常重要，所以他决定只在内阁全体会议上提出来。同时，要求与会者把他的话看作他的最后意愿或遗嘱，万一他去世的话。

说完这些后，希特勒转入正题，谈起了德国的生存空间问题，这是他十几年来念念不忘的。在希特勒眼中，日耳曼民族是最优秀的民族，是大自然的宠儿，最勇敢和最勤劳的强者，统治弱者是上帝赋予的权力。因此，日耳曼人建立的德国应该成为地球的主人。这次会议就是为了解决这个问题，他提出"万一我们卷入战争，我们的第一个目标必须是同时推翻捷克斯洛伐克和奥地利，以消除对我国两翼的威胁"。

对于英国和法国，希特勒认为两国短期内不会参战。希特勒满怀信心地说："我们还需要对付英国和法国这两个仇敌，他们不会容忍在欧洲出现一个强大的德国。不过，我个人相信，英国，也许还有法国，他们很可能已经悄悄地把捷克斯洛伐克和奥地利一笔勾销了。英国内部困难重重以及将来介入另一次长期的毁灭性的欧洲冲突的可能性，就足以让他们不会对我们作战。没有英国的援助，法国的进攻简直是不可能的。意大利对我们占领捷克斯洛伐克是不会反对的，至于他们对我们占领奥地利的态度，在很大程度上取决于那时墨索里尼是否还在世。苏联人对捷克斯洛伐克支持的可能性比较大，不过他们的阻挠将被我们军事行动的速度所抵消。"

希特勒的长篇大论结束后，要求与会人员谈谈各自的看法。三军总司令勃洛姆贝格和外长牛赖特对雄心勃勃的希特勒计划并没有他那么自信。牛赖特首先发言，他对希特勒分析的"西方强国和意大利之间可能发生战争"及"英法对中欧不感兴趣"，表示了怀疑的态度。

三军总司令勃洛姆贝格发表了自己的看法，他说，捷克斯洛伐克防御工事坚固，这会给德军的进攻造成极大的困难。至于法国是否会从西边进攻德国，他本人对此毫无把握。陆军总司令维尔纳·冯·弗里奇表示赞同勃洛姆贝格的看法，他认为，假如法国和意大利作战的话，法国只要20个师就能守住阿尔卑斯山区的法意边界，所以法国仍能够在德国西部保持强大的兵力。

空军总司令戈林少有地提出了自己的看法，他说，元首的征服计划是可行的，但是德国必须在结束了支援西班牙的军事行动后，再来执行这项计划。

希特勒容不得反对意见，他再次强调"在我的计划中，必须把武力冒险置于首位"。实际上希特勒也是这么做的。

希特勒顾不上休息，因为第二天德国和日本将与意大利签订《关于意大利加入德日反共产国际协定议定书》，其中的一些细节还需要斟酌。这个议定书的签订标志着德、意、日三国法西斯组成了以"柏林—罗马—东京"为轴心的集团，它们相互勾结的日子正式开始了。

◎ 一切权力归元首

1938 年 1 月 22 日，德国三军总司令勃洛姆贝格同他的女秘书结婚。希特勒和戈林出席了他们的婚礼。正当这对新婚夫妇在外地度蜜月时，一份秘密材料从柏林警察总局转到了戈林手中。材料中反映：勃洛姆贝格的新夫人是在她母亲经营的一家按摩院里长大的，并且在警察局里有过当妓女的记录，还曾因充当春宫照片的模特儿被判刑。

德国军方对帝国副统帅娶一个"不干净的女人"是绝对不能容忍的。戈林打算将此事汇报给希特勒，他选择了一个晚上，拿着警察局转来的材料，急匆匆地去见希特勒。希特勒看完材料后，有一种被欺骗的感觉。此后两天时间，他足不出户，一切活动都在密室内进行，甚至连吃饭也不出来。

1 月 26 日，希特勒招来勃洛姆贝格，要他辞去职务。希特勒就三军总司令的人选问题，同勃洛姆贝格进行了长时间的商谈，最后采纳了勃洛姆贝格的建议，即由希特勒亲自接管三军的最高指挥权。勃洛姆贝格离开时，希特勒向他表示，这次只是让他休假一年。等这件丑闻平息下去后，再以陆军元帅的身份重返军队，并在战时接管最高指挥权。

希特勒的花言巧语使勃洛姆贝格轻易地交出了指挥权，然而他所许下的诺言并没有兑现。不久，勃洛姆贝格的名字就从陆军名册上注销了。战争爆发后，老元帅表示愿意为国效劳，但遭到拒绝。他和他那再婚夫人一直默默无闻地居住在巴伐利亚州的一个村庄里。战争结束后，勃洛姆贝格被关进纽伦堡监狱，没等到审判那天就离开了人世。

勃洛姆贝格辞职没多久，陆军总司令弗里奇也被迫辞职，外交部长牛赖特被得宠的里宾特洛甫取代，因为这些人都被视为对元首三心二意。同时，受到牵连的 76 名高级将领被解职，44 名军官被调到低级指挥部任职。希特勒亲自接管统帅部，任纳粹德国武装力量总司令。戈林也在这个时候晋升为大元帅。纳粹党的机关报《人民观察家报》于 2 月 5 日发表了题为"一切权力高度集中于元首手中"的文章，对这次人事大变动作了总结。

2 月 12 日，希特勒把奥地利总理许士尼格召到他位于萨尔斯堡的官邸，以武力相威胁，迫使许士尼格接受奥地利与德国合并的条件。他对许士尼格说："听着，你当真以为你可以在奥地利移动一块石头而我在第二天不会知道吗？……我只要下达一个命令，在一个晚上你们所有可笑的防御工事将被摧毁成齑粉。你是不是真的以为你能阻止或者拖延我半个小时？谁知道呢？也许一天早上你在维也纳醒来，发现我们就在那里，就像一阵春天的风暴。我非常不愿意看到奥地利遭到这种命运，因为这意味着流血。在军队之后，我的党卫军和奥地利军团就会开进去，没有人能制止他们的正当报复，甚至连我都不能制止。"

说完这些威胁的话后，希特勒还不忘提醒许士尼格注意奥地利的孤立和毫无办法的处境："片刻也不要以为世界上有任何人可以让我放弃我的决定。意大利？我同墨索里尼是一道的……英国？它不会为奥地利动一个手指头的……法国？那就更不可能了。"

希特勒气愤地说了一大堆恐吓的话，最后还不忘再提醒一句："许士尼格先生，我再一次，也是最后一次，给你谈判的机会。要是我们现在不能找到一个好的解决办法，那事情就不可挽回了……考虑考虑吧，许士尼格先生，好好考虑考虑吧，我只能等到今天下午。"

许士尼格被迫屈服，回国后，在民众的压力下，他准备于3月13日举行全民投票，让民众来决定是否与德国合并。许士尼格的行为把希特勒气得暴跳如雷。他一方面最后通牒许士尼格停止举行全民投票，并要求他立即辞职，由赛斯·英夸特担任奥地利临时政府总理；另一方面，他指示新任总参谋长凯特尔拟订征服奥地利的作战方案。

3月11日凌晨两点，希特勒签署了武装占领奥地利的命令，这是纳粹德国迈向战争的第一个完整的作战命令。

一、假如其他措施不力，我将派武装部队进入奥地利，目的是建立法治环境及防范针对亲德国的奥地利人民的进一步暴行。

二、我将指挥进军奥地利的整个军事行动。为此，我命令：

陆军总司令指挥其建制和兵力已征求我的意见的第八集团军及其附属空军、党卫队、警察采取地面军事行动。

空军总司令指挥已征求我的意见的部队采取空中行动。

三、任务

陆军：所有军事行动必须按照我的要求进行。首个目标是占领上奥地利、萨尔斯堡、下奥地利、提洛尔，进而迅速占领维也纳并控制奥地利与捷克斯洛伐克的边界。

空军：打出军威，投递传单，迅速占领奥地利机场以运进增援部队；在陆军提出要求时，对其提供必要的支援；轰炸机部队做好执行特殊任务的准备。

四、奉命采取军事行动的陆军和空军部队，一定要做好在 3 月 12 日进入奥地利的准备，最迟不得晚于 12 时。

我保留许可越过或飞过边境以及为此规定时间的权力。

五、部队的行动一定要给人一种我们不愿意对我们的奥地利兄弟发动战争的感觉。假如整个军事行动能在不使用任何暴力的情况下作为奥地利的人民欢迎的一次和平进驻加以执行，这是最符合我们利益的。因此，一定要避免任何挑衅行为。一旦遭到抵抗，必须尽快用武力予以摧毁。

六、我们同其他国家的边界上，暂时不要采取任何行动。

在命令下达的同时，希特勒向奥地利总理许士尼格发去了一份最后通牒，限定他于当晚 19 时 30 分以前满足德国的一切要求，否则将有 20 万大军进入奥地利。希特勒陈兵奥地利，大家都在等待局势的发展。

随着 19 时 30 分的到来，维也纳电台传出了许士尼格绝望的讲话。他声音沙哑，这显然是迫于某种巨大的压力而引起的。他首先宣布辞去总理职务，接着结结巴巴地说了几句告别的话，最后祈祷"上帝保佑奥地利"。许士尼格讲话结束后，英夸特以内阁成员的名义发表了讲话。他以激动得似乎喘不过气来的声音呼吁奥地利军民保持镇静，对即将发生的事情不要作任何抵抗。

就这样，德军以客人的身份被"请"进了奥地利。奥地利总统被迫任命的新总理赛斯·英夸特马上签署了一项法令，宣布奥地利是德意志帝国中的国家。

◎ 下一个猎物

德国占领奥地利的当晚，戈林在规模宏大的飞行员之宫举行晚会。各国驻柏林的外交官、帝国政要以及纳粹党各级头目共 1000 多人齐集一堂，准备欣赏国家芭蕾舞歌剧院的演出。这场晚会盛况空前，它是戈林晋升元帅后的第一次展示，更是纳粹德国的第一次展示。

德国吞并奥地利

当晚会进行到将近一半的时候，戈林才现身。他一面把庞大身躯塞进椅子里，一面向来宾频频道歉。

戈林特别留意各国来宾的言行，因为他们代表着各自国家对德国占领奥地利的态度。他不担心法国，因为他们的总理夏当昨天辞职了，此时的法国正处在无政府状态。至于英国，戈林和希特勒都捉摸不透，派里宾特洛甫为特使，待在伦敦，准备随时安抚英国内阁。当德国向许士尼格发出最后通牒的消息传到英国首相张伯伦那里的时候，他正在首相府举行午宴招待里宾特洛甫夫妇。第二天，里宾特洛甫在电话中向戈林报告，张伯伦先生给人以极好的印象，具有互相谅解的可敬意愿。

意大利是戈林和希特勒最担心的。中午，希特勒给墨索里尼写了一封长信，他在信中为德国的行动做了辩解，还安抚了一下这位意大利独裁领袖。信是由希特勒的私人信使菲利普乘飞机专门送去的。临行前，希特勒特别关照菲利普，到罗马后立即递交给墨索里尼，并及时通报墨索里尼的反应。直到 22 时 25 分，菲利普才从罗马打来电话，他在电话中告诉希特勒，"意大利领袖以非常友好的态度对待整个事件"。此时，戈林和希特勒悬着的心终于可以放下了。

接下来，戈林关注的就是捷克斯洛伐克的反应了。捷克斯洛伐克驻柏林公使马斯特尼来得比较晚，他一到飞行员之宫就被直接请进了戈林的密室。戈林对马斯特尼大献殷勤，他说："奥地利发生的事完全是我国的家务事，丝毫不会影响德捷两国的关系，德国对捷克斯洛伐克毫无恶意。我可以用我的名誉担保。"

希特勒和墨索里尼

戈林说完后，请求捷克斯洛伐克作出不进行战争动员的保证。马斯特尼当即向捷克斯洛伐克政府作了汇报，之后便来到剧院一边欣赏芭蕾舞一边等待布拉格方面的指示。

当剧间休息结束宾主回到大厅时，马斯特尼再次来到密室，告诉戈林，他已亲自和外长通了电话，外长对德国善意的请求表示欣赏，并授权他向元帅作出肯定而坚决的保证，担保捷克斯洛伐克不会因德国武装占领奥地利而进行战争动员。戈林听了马斯特尼的话后，表示非常满意，再次以元首的名义重申德国对捷克斯洛伐克完全没有恶意。

3月12日，当希特勒得到墨索里尼对德国武装占领奥地利的理解后，便放心地出发到他的祖国奥地利去了。在奥地利，希特勒到处受到人们狂热的欢迎。第一站是林茨，这曾经是希特勒少年时代生活、学习过的地方。他还专程前往林茨的利昂丁祭扫父母的坟墓。

3 月 14 日，希特勒在维也纳对奥地利民众发表了冠冕堂皇的演讲。他在演讲中说：

我深信，是上帝的意志派一位青年从这里到德国，看着让他成长起来，并把他培育成这个民族的领袖，以便使他能够领导他的祖国回到德国的怀抱。

上帝有他的意旨，我们只是意旨的执行人。3 月 9 日许士尼格先生违背了他的协议。在那个瞬间，我感觉到上帝对我发出了号召，随后三天发生的事说明上帝的这种愿望和意旨得以实现。

在这三天里，上帝惩罚了他们！……在背信弃义的那一天，上帝赐予我天恩，让我有能力把我的祖国奥地利同德国结合在一起。

我要感谢上帝，正是他才能让我回到我的祖国，以便可以领导它同我的德国结合起来。但愿每一位德国人都能认识这个时刻，并估量到它的非凡意义，谦恭地在上帝面前低头，他在几个星期中已经给我们带来了一个奇迹。

纳粹德国的野心是无穷无尽的，希特勒的野心是无穷无尽的。当希特勒以征服者的身份回到自己的故乡奥地利溜达一圈后，征服欲变得更加强烈，他决定开始寻找下一个猎物。

希特勒从维也纳回到柏林的第三天，便召见了纳粹党的追随者、苏台德日耳曼人党的头目汉莱因。希特勒在总理府同汉莱因密谈了三个小时，他对汉莱因说："你是苏台德地区日耳曼人党的合法领导人，我打算全力支持你。从明天起，你将是我的总督。"希特勒还为汉莱因制定了苏台德日耳曼人党的战略：苏台德日耳曼人党应当提出捷克斯洛伐克政府不能接受的要求。

汉莱因对希特勒的指示自然心领神会，于是急忙向希特勒阐述自己的理解："我们必须总是提出永远使我们无法满足的要求。"希特勒对汉莱因能够如此理解感到非常满意，庆幸自己有这么一个忠实信徒。他告诉汉莱因，打算在不久的将来解决苏台德地区日耳曼人的问题。

从柏林回到苏台德后，汉莱因主持召开了苏台德日耳曼人党代表大会，商讨向捷克斯洛伐克政府提出苏台德地区自治，并要求释放被监禁的纳粹政治犯。

捷克斯洛伐克政府虽然同意了与汉莱因进行谈判，却拒绝接受他的自治纲领。里宾特洛甫再次把汉莱因召到柏林，向他面授机宜，要他到伦敦跑一趟，争取英国"绥靖主义者"们对苏台德日耳曼人自治的最大同情，同时也能掩饰柏林方面操纵行动的真相。

汉莱因尽管为希特勒四处奔波，却仍然满足不了希特勒日益膨胀的野心。5月16日，希特勒给德国最高统帅部发去一份紧急绝密电报，询问一旦武装动员的话，在德捷边境有多少个师可以随时在12小时内进入捷克斯洛伐克。最高统帅部回电：12个。希特勒对这一答案非常不满。

其实，早在勃洛姆贝格任三军总司令的时候，德国最高统帅部就已经开始制订对捷克斯洛伐克发动突然袭击的计划，当时的代号为"绿色方案"。1937年11月5日的三军总司令联席会议上，希特勒还专门就"绿色方案"做过指示。他告诫将领们，对捷克斯洛伐克应当以闪电般的速度发起攻击，并把时间表定在 1938 年。

　　奥地利轻易得手后，"绿色方案"的实施便提上了日程。1938 年 4 月
21 日，希特勒召见凯特尔，向他信任的总参谋长交代修订"绿色方案"的任
务，再次强调了"闪电进攻"。如今，最高统帅部却给了希特勒这么一个答复，
这名狂热的纳粹领导人显然不能接受，也不能容忍。

◎ 欺骗了全世界

5月19日，捷克斯洛伐克和英国的情报机构截获可靠情报：德军4个摩托化师在冯·敕歇瑙将军的指挥下，开始在捷克斯洛伐克边境集结，并且做好了袭击波希米亚的充分准备。

5月20日下午，捷克斯洛伐克总统贝奈斯召开紧急内阁会议，讨论捷克斯洛伐克面临的局势。根据贝奈斯的提议，会议决定发布部分动员令。

与此同时，英国驻柏林大使汉德逊多次到德国外交部询问德军的调动情况。德国方面向英国表示，德军集结部队的说法是彻头彻尾的胡说八道。汉德逊代表英国政府表示英国对此事非常关注。法国总理达拉第在会见德国大使时，指着放在办公桌上的动员令，意味深长地说："阁下，我是否签署这个文件将取决于您。"

苏联政府也及时作出反应，表示他们准备在德国入侵时，和法、捷盟国站在一起。整个欧洲好像团结成了铁板一块，这显然是希特勒没有想到的。

他的智囊团一致认为，德国有必要实行暂时的政治退却。

5月23日，捷克斯洛伐克大使马斯特尼再次得到柏林的安全保证。汉莱因也得到指示：返回捷克斯洛伐克，重新开始谈判，以便和平解决苏台德问题。

希特勒面对欧洲各国的团结，又羞又恼，觉得自己受到了极大的侮辱，一个星期没在公开场所露面。其间，希特勒经历了失败的痛苦和折磨，充满了对所有与德国为敌的国家的仇恨，报复的烈焰开始在胸中升腾。

5月30日，希特勒向德国武装部队签发了关于实施"绿色方案"的新指示。指示规定，1938年10月1日为"绿色方案"付诸实施的最后期限。

9月15日，年近七旬的英国首相张伯伦到柏林同比他年轻20岁的希特勒举行会谈。双方在会谈过程中就当前捷克斯洛伐克的形势交换了看法。第二天，张伯伦回到伦敦。当天即召开内阁会议，向他的同僚们介绍与希特勒的会谈情况。大约9点钟，内阁会议结束，张伯伦又去向国王作了汇报。

9月22日，张伯伦再次飞往德国，与希特勒商谈捷克斯洛伐克问题。张伯伦向希特勒通报说，经过他这几天的努力，终于使法国和捷克斯洛伐克接受了上次会谈所达成的计划。令张伯伦没想到的是，希特勒改变了原来的想法，提出新的更为苛刻的要求。张伯伦无奈地说："如果阁下这样说的话，那就没有必要再进行谈判了。"

张伯伦回到伦敦后，立即召开内阁会议，商讨对策，并向议会作了汇报。他还是按照希特勒的意思向捷克斯洛伐克政府施加了压力。25日，英国外交部收到捷克斯洛伐克外交部长的一封信。信中写道："我国政府想要庄严宣布，希特勒先生目前的这些要求是我国政府绝对不能接受的。对于这些新的残酷的要求，我国政府认为必须竭力抵制，我们一定会这样做，上帝保佑。捷克斯洛伐克绝不会是一个奴隶国家。"

9月29日，英国首相张伯伦、法国总理达拉第、意大利总理墨索里尼应希特勒的邀请，来到慕尼黑参加解决捷克斯洛伐克问题的会议。会议在元首大厦希特勒的私人办公室里举行。奇怪的是，捷克斯洛伐克代表一直在所住的饭店里，没有安排其参加会谈。当会议快要结束时，捷克斯洛伐克代表才被允许前往元首大厦听候宣判。

30日凌晨1时，英、法、德、意四国首脑签署了《慕尼黑协定》。《协定》规定：将捷克斯洛伐克的苏台德地区和奥地利接壤的南部地区割让给德国；捷克斯洛伐克军队应于10月10日前从上述领土撤退完毕，上述领土的军事设施、厂矿企业、运输工具等必须无偿交给德国。

英、法、德、意四国首脑签署了《慕尼黑协定》

中午 12 点，捷克斯洛伐克总统贝奈斯将英、法、意三国驻布拉格大使召到总统府，向他们宣读了一份声明：我以共和国总统和政府的名义声明，我们服从这个我们不在场的情况下通过的反对我们的慕尼黑决定。

墨索里尼在协定上签完字后，同希特勒一起离开了元首大厦。显然，他是希特勒请来唱双簧的。英、法、意三国首脑回到各自的国家后，受到了国民热烈的欢迎，人们欢呼的不是首脑本人，而是在迎接和平的到来。墨索里尼的女婿齐亚诺在日记中写道："从勃伦纳到罗马，领袖受到的上自国王、下至农民的欢迎是我从来没有见过的。他自己说这种热情只有宣布帝国成立的那天晚上的热情能比得上。"

在巴黎，无数市民不断地欢呼着"达拉第万岁""和平万岁""法兰西万岁"。

在伦敦，欢迎张伯伦的人们简直到了疯狂的程度。在机场通往白金汉宫的途中，人们夹道欢迎，嗓子都喊哑了。英国国王和王后在白金汉宫接见了张伯伦，国王称这一天是"伟大的一天"。张伯伦在首相府的阳台上，对欢呼的群众高喊："我们这一代人享受和平的新纪元到来了。"

当天晚上，德国陆军总司令部防务处处长约德尔在日记中这样写道："慕尼黑条约已经签字了。捷克斯洛伐克作为一个国家力量来说已经不复存在了……由于元首的英明决断，由于他那甚至世界大战都决不回避的决心，我们再一次不用武力就取得了胜利。现在希望的是，那些怀疑成性、意志薄弱而犹豫观望的人也许已经转变过来了，并希望他们今后还能这样保持下去。"

10 月 1 日，戈林在柏林召见了捷克斯洛伐克大使马斯特尼，他以盛气凌人的口气告诉马斯特尼，德国不能再容忍贝奈斯当捷克斯洛伐克的总统。除非总统辞职，否则德国在执行《慕尼黑协定》时，对待捷克斯洛伐克将决不留情。

就在《慕尼黑协定》签字的时候，就在英、法、意三国沉浸在和平狂欢中的时候，冯·李勃将军率领的德国军队已经到达德捷边境。14时，李勃亲率第一〇〇山地作战团越过边界，进入捷克斯洛伐克境内。

3日上午，希特勒在随从的护卫下，越过边界，来到捷克斯洛伐克。第十六军军长古德里安在驻地迎接了自己的元首，并陪同希特勒穿过阿什前往埃格尔。吃午饭时，由于菜里有炖肉，让吃素的希特勒大倒胃口，只能大口地啃苹果充饥。他指示随行的相关人员在即将视察的几站中，重新制订菜单。

接下来，希特勒视察了整个苏台德地区。虽然天气阴沉沉的，后来又下起了大雨，但希特勒依旧兴致浓烈，在卡尔斯巴特的一个剧场发表了简短的演讲。希特勒极具煽动性的演说，使在场的日耳曼人声泪俱下。古德里安将军曾有过记述："剧场外下着瓢泼大雨，剧场内却出现了最动人的一幕。身穿民族服饰的妇女和姑娘们泪如雨下，许多人跪在地上，欢呼声震耳欲聋。"

◎ 驱逐犹太人

《慕尼黑协定》签字没几天，希特勒就给总参谋长凯特尔发去一份密电。在密电中希特勒问了四个问题：第一个问题，在当前形势下，击破波希米亚和摩拉维亚那捷克斯洛伐克人的全部抵抗力量需要多少增援部队？第二个问题，集结或调动新部队需要多长时间？第三个问题，上述措施如果在实行原定的复员、撤兵计划之后执行的话，需要多长时间？第四个问题，要达到10月1日那样的待命状态需要多长时间？

德军进驻奥地利和苏台德地区后，希特勒对波兰外交部长贝克说："但泽永远是德国人的，迟早要成为德国的一部分。"

为了配合战争，德国掀起了新一轮的反犹运动。施特赖歇尔领导的《冲锋队员》报大声疾呼：欧洲各国联合起来驱逐犹太人，关闭各自的边界。

10月5日，捷克斯洛伐克总统贝奈斯不得不宣布辞去职务，并于次日离开布拉格，回到他在波希米亚南部乡村的庄园。临行前，他以"保持团结、勇敢和忠诚"来忠告他的同胞和继任者。

继任捷克斯洛伐克临时总统的是原总理西罗维将军。贝奈斯原来的政敌要求以图谋危害捷克斯洛伐克国家的罪名，将贝奈斯交给最高法庭审判。西罗维将军拒绝了这一要求，但他无法对贝奈斯的安全提供绝对的保障。最后，贝奈斯不得不流亡海外。一个多月后，西罗维把临时总统职务交给心地善良的原最高法院大法官艾米尔·哈查，把总理职务交给了农民党领袖鲁多夫·贝兰。

10月6日，波兰宣布凡波兰护照持有者须在月底前办理特别签证手续，过时不办理者，原护照作废。对此，德国心知肚明，波兰政府是想把众多的波兰籍犹太侨民甩给德国。于是，德国党卫队逮捕了1.7万名波兰犹太人，用闷罐车把他们拉到德波边境，赶出德国。

10月11日，凯特尔给希特勒回了一封电报，对元首前几天提出的问题一一作了答复。他说，不需要多长时间，也不需要太多增援部队。目前，德国在苏台德地区已有24个师，其中包括3个装甲师和4个摩托化师。由于捷克斯洛伐克抵抗力量微弱，有可能无需增援部队即可展开行动。

希特勒得到凯特尔的答复后，于10月21日给最高统帅部发了一个简短的密令。

柏林，1938年10月21日，绝密

武装部队将来的任务以及为执行这项任务需要进行的战备工作，我将在以后的命令中予以规定。在该项命令下达前，武装部队必须随时做好如下准备：

1. 确保德国边境安全。

2. 肃清捷克斯洛伐克的残余势力。

3. 占领梅梅尔地区。

11月7日，一个名叫赫尔彻尔·格林兹本的17岁德籍犹太难民开枪刺杀了巴黎德国大使馆的三等秘书恩斯特·冯·腊特。格林兹本为了给父亲报仇，为了报复纳粹德国对犹太人的迫害，特意到大使馆刺杀德国大使约翰内斯·冯·韦尔兹克伯爵，没想到出来接见的是腊特，于是这位三等秘书就成了替死鬼。

11月9日晚，纳粹党举行一年一度的慕尼黑啤酒馆暴动庆祝会。参加庆祝会的有希特勒、戈林、戈培尔等纳粹党领导人。在庆祝会开始前，戈培尔发出指示，要在当晚组织并进行自发的示威游行。庆祝会结束后，纳粹德国最疯狂的排犹运动开始了。

11月10日凌晨1点，戈培尔用电传打字机向国家警察和党卫队保安处各分部发出一道紧急命令。命令指出："采取的行动须不致危及德国人的生命财产（举例来说，只有在火势不致延及邻近房屋时方可焚毁犹太人会堂）；犹太人的店铺与私人住宅可以捣毁，但不得劫掠；警察不得阻拦即将举行的示威游行；犹太人特别是有钱的犹太人应予逮捕，人数视现有监狱能容纳多少而定……逮捕这些犹太人后，应立即与有关集中营联系，以便尽快将他们关进去。"

这一夜，犹太人聚居的城镇街道一片狼藉，犹太教堂被烧毁，犹太人的住宅和店铺被示威者洗劫一空，许多犹太人遭到杀害。在宣传部长戈培尔的挑唆下，示威者扛着希特勒的画像，高唱纳粹党歌，四处游行。截至 12 日，犹太人店铺遭到洗劫的不少于 7500 家，几万犹太人被党卫队逮捕。

11 月 11 日，纳粹党卫队二号人物海德里希向戈林发去一份秘密报告："犹太人店铺和住宅摧毁的规模还不能得到确切的数字……就纵火所造成的实际损失而言，已经知道的有 815 处店铺被毁，171 处住宅着火或捣毁，然而这只是一小部分而已……有 119 处犹太人会堂着火，另有 76 处完全捣毁……2 万犹太人被捕。据报死亡 36 人，受重伤 36 人，这些均为犹太人。"

戈培尔的命令造成了巨大的经济损失，这让主管经济的戈林十分恼火。戈林在内阁会议上咆哮道："我真是受够了！这些示威游行使德国无法完成为战争服务的四年经济计划。"

戈林向希特勒告了戈培尔的状，而希特勒却给戈林送去一封信，警告内阁在犹太人问题上要与纳粹党保持一致。

12 日，戈林主持召开内阁会议，专门讨论犹太人问题。经过 4 个小时的争论，会议作出如下决定：将犹太人从德国的经济生活中彻底排除出去。为此，戈林签署了三项法令：向犹太人社团征收 10 亿马克的罚款，相当于犹太人全部财产的 20%；命令犹太人偿付这次骚乱对国家经济造成的一切损失，这相当于是扣下了犹太人应得的保险赔偿金；禁止犹太人从事任何交易，不得担任企业的经理及其他行政职位。

12 月 17 日，凯特尔向部队发布"对于 10 月 21 日命令的补充命令"。命令指出："关于'肃清捷克斯洛伐克的残余势力'，元首下达了下列命令：作战行动的准备工作应以估计不会有值得一提的抵抗为前提。在外界看来，此次行动必须让世人明白这仅仅是一项和平行动，而不是战争行为。因此，此次行动必须由平时的武装部队执行，不必动员增援……"

为了进一步讨好希特勒，捷克斯洛伐克内阁在圣诞节前解散了共产党，并且解除了日耳曼人学校里所有犹太教师的工作。1939年1月12日，捷克斯洛伐克外交部长齐瓦尔科夫斯基在给德国外交部的一封电报中强调，捷克斯洛伐克政府将在各方面满足德国人的愿望，以此来努力证明诚心诚意。当天，他还促请驻在布拉格的德国临时代办注意"捷克斯洛伐克即将并入德国"的消息甚嚣尘上。

1939年1月24日，戈林授权海德里希可以使用一切必要措施，以加速驱逐德国的犹太人出境。短短几天内，几千名犹太人被押至达豪、布痕瓦尔德和在毛特豪森新修建的集中营。

◎ 无赖手段

3月12日，希特勒下令德军进入捷克斯洛伐克，并下令将捷克斯洛伐克并入德国版图。次日晚，希特勒在新落成的总理府接见了斯洛伐克总理提索。他对提索说："在慕尼黑，我没有把波希米亚和摩拉维亚纳入德国的生存空间。我只给了捷克人5个月的时间，但对斯洛伐克人我是比较同情的。我赞同维也纳裁决，是由于我深信斯洛伐克人会同捷克人脱离关系而宣布独立，这个独立将受到德国的保护。正因为如此，我拒绝了匈牙利对斯洛伐克的要求。斯洛伐克人倒似乎要跟捷克人保持和气，这样看来，他们似乎并不尊重维也纳的精神。对此，我早已无法容忍。明天中午我将开始对捷克采取军事行动。这件事由这位布劳希奇将军去执行。"

说到这里，希特勒用手指了指坐在一旁的陆军总司令布劳希奇，接着说："德国不准备把斯洛伐克纳入德国的生存空间，所以你必须马上宣布斯洛伐克独立，否则我们将不再关心它的命运。我允许你们在明天中午之前作出决定。到那时，捷克人将会被德国的战车轧成齑粉。"

希特勒向捷克斯洛伐克提出领土要求

14日下午，希特勒把年迈的捷克斯洛伐克总统哈查"请"到柏林，并亲自到机场迎接哈查，还送给随同哈查的女儿一束鲜花。当哈查父女到达下榻的宾馆时，希特勒又派人给哈查的女儿送去一盒巧克力糖。满怀欣喜的哈查怎么也不会想到，厄运即将降临到自己头上。

15日凌晨1时，哈查被安排在帝国总理府与希特勒会谈。当他看到会议室外守候的医生时，不禁倒吸了一口凉气。走进会议室，会议桌上事先拟定好的文件静静地躺在那里，只等他在上面签字。

希特勒先发表了一番恐吓式的讲话，未等哈查开口，便拿起笔，在文件上签上"阿道夫·希特勒"几个字，之后扬长而去，将剩下的事宜交给了自己的下属。

希特勒的蛮横无理让哈查觉得很没面子，他担心自己成为国家的千古罪人，一气之下摔掉了里宾特洛甫递给他的笔。随后，里宾特洛甫和戈林轮番上阵，威逼利诱，甚至围着桌子追逐哈查，逼他在文件上签字。最后，老总统哈查被折腾得晕死过去，在门外守候的医生赶紧实施抢救。如此反复昏迷几次后，哈查终于屈服了。在医生强心针的维持下，哈查终于迷迷糊糊地在文件上签上了自己的名字。时间是 1939 年 3 月 15 日凌晨 3 点 55 分。签字结束不久，德国和捷克斯洛伐克联合公报也随即出炉。其实，这个公报是希特勒事先准备好的，只待签字后公布，公报如下：

柏林，1939 年 3 月 15 日

元首应捷克斯洛伐克总统哈查博士和捷克斯洛伐克外交部长齐瓦尔科夫斯基博士的要求，今天在柏林接见两位贵宾。接见时，外交部长冯·里宾特洛甫在座。

会谈中，双方开诚布公地研究了最近几个星期以来捷克斯洛伐克领土上发生的事件所造成的紧张局面。

德捷双方一致认为必须尽一切努力保全中欧的安宁、秩序与和平。捷克斯洛伐克总统宣告，为了达成这一目标，并为实现最后的和平，他满怀信心地把捷克斯洛伐克人民和捷克斯洛伐克国家的命运交到德国元首手中。

元首难以推托只好接受了这一宣告，他表示愿意把捷克斯洛伐克人民置于德国保护之下，并保证他们的民族生活能够在自治的条件下按照合乎他们的特点和方式继续发展。

3月15日，德军占领捷克斯洛伐克首都布拉格，捷克斯洛伐克终于成了希特勒的囊中之物。德军全面接受了捷克斯洛伐克的武器装备，其中包括1500架飞机，649辆坦克，500门高射炮，4.3万挺机枪，100万支步枪，10亿发步枪子弹和300万发野战炮弹。另外，德军在捷克斯洛伐克国家银行的金库中发现了1000万英镑的资产。后来，德国国家银行又从英格兰银行得到了捷克斯洛伐克国家银行存在那儿的600万英镑。这些飞来的横财，让希特勒手舞足蹈，称捷克斯洛伐克真是一个巨大的军火库。

对捷克斯洛伐克的武装占领使纳粹德国的领土一下子膨胀了很多。德军从新的边境线上，既可以向正东直取波兰，又可以向东南直插罗马尼亚。当时，纳粹德国宣传部的一位官员在谈到德国的形势时，说："在我们面前，突然敞开了这么多大门，这么多路可走，以致我们都不知道该拐向哪条路或朝什么方向前进了。"

的确，希特勒和他的帝国进展得太顺利了，顺利得简直不可思议，这也让他看到了西方大国的软弱无能，更加坚定了征服世界的疯狂野心。

德军占领捷克斯洛伐克16天后，英国首相张伯伦在议会下院发表演说："一旦发生显然威胁到波兰独立而且波兰政府认为必须全力予以抵抗的行动，英王政府将认为自己有责任立即给予波兰政府全力支持，他们也给了波兰政府大意与此相同的保证。我还可以加一句，法国政府也授权我明白表示，它在这个问题上与我们持相同的立场。"

4月20日，是希特勒五十大寿，柏林举行盛大的阅兵典礼。德军把所有各兵种的军旗集中起来组成了一个"军旗营"，数不清的军旗向希特勒致敬。"装甲兵之父"古德里安曾在日记中写道："他的事业到这个时候已经登峰造极。他是不是懂得知足常乐、适可而止的道理呢？当时的情况已具极度的爆炸性。"

希特勒心中根本没有"止"的概念。一如古德里安所说："在捷克斯洛伐克被占领后，梅梅尔也被兼并了。这个时候的德国已经拥有强有力的地位，以后任何国际问题，都可以用外交手段来和平解决。然而，希特勒似乎从来不考虑这个问题。"

此时，没有任何人和任何力量可以阻止纳粹德国和希特勒征服世界、征服一切。

第三章　进攻前夜

希特勒提醒与会将领，战争难以避免，他已经做好了准备。他说："大家别指望着捷克斯洛伐克事件能够重演，我们的任务是孤立波兰，能否孤立是关键问题。波兰问题与我们同西方大国的冲突是不可分割的，不存在饶恕它的问题。"

◎ 垂涎但泽

正如上文那位宣传部官员所说，在占领捷克斯洛伐克后，希特勒也觉得自己好像站在了一个三岔路口，不知该向哪个方向前进。希特勒毕竟是希特勒，优柔寡断不是他的天性。经过短暂考虑后，他很快就明白了自己的下一个目标，那就是收复梅梅尔。

梅梅尔（现名克莱佩达，属立陶宛）在一战期间曾是东普鲁士的领土，战后《凡尔赛和约》将其划归立陶宛。这个面积不大、人口不多的土地上绝大多数居民是日耳曼人。德国纳粹党上台伊始，便鼓动当地的日耳曼人闹独立。

1939 年 3 月 20 日，德国外长里宾特洛甫会见了立陶宛外长埃尔巴伊斯，强硬地要求立陶宛把梅梅尔还给德国。里宾特洛甫威胁说，如果立陶宛不识时务，可别怪元首闪电解决问题。次日，德国向立陶宛政府发出正式通知，要求立陶宛派全权代表到柏林签字，并强调"绝对不能拖延时间"。22 日，希特勒乘坐"德意志号"战列巡洋舰前往梅梅尔。在战舰上，希特勒发了两封急电给里宾特洛甫，要求他报告与立陶宛代表的谈判情况。

3月23日凌晨，德国用武力恐吓迫使立陶宛政府代表在条约上签字，同意将梅梅尔港及其贸易区割让给德国。然而，令希特勒没有想到的是，这次不流血占领竟然没有引起英法等西方大国的不安和忧虑。

在回柏林的途中，希特勒做出了一个重要决定，通过跟波兰谈判找到一条出路。希特勒深知这件事不像占领梅梅尔那么简单，必须从长计议。其实，这位战争狂人对波兰早已垂涎三尺，魔爪在几个月前就伸了出来。

波兰处于苏联和德国之间，这也是它屡遭瓜分的一个重要原因。一战后，波兰人对于莫斯科和柏林说不出哪个更讨厌，总之称不上友邻。此时，贝克上校拥有外交上的全部权力，在他的领导下，波兰充分利用德国的"刺刀"外交来解决旧有的仇恨。贝克为波兰规定了一条外交原则：距离柏林不要比距离莫斯科更近1毫米。这一看起来貌似中立的外交路线，反而加速了波兰的灭亡，因为不管是德国人还是苏联人都不相信波兰能为自己做什么。

具有讽刺意味的是，这个屡次遭受瓜分的国家，在贝克的外交政策下竟然企图瓜分他国。在德国侵吞捷克斯洛伐克期间，波兰扮演了帮凶的角色，与德国保持步调一致，坚持特青地区的波兰人应该享有同苏台德地区一样的权利。波兰的行为惹怒了西方盟友，一位法国人对波兰当时的所作所为有过如此评价："就像古代的食尸鬼，他们在战场上爬来爬去，杀掉伤员，抢走死伤者的东西。"美国总统罗斯福对波兰的行为也有点儿看不过去，他说："就像是一个大男孩把一个小男孩打翻在地，这时第三个男孩上去猛踢小男孩的肚子。"

当捷克斯洛伐克不得不把特青地区交给波兰时，一位捷克斯洛伐克将军发出警告："不久的将来，波兰人将亲手把这个地区交给德国人。"

一语成谶，波兰人不仅将特青地区拱手交给了德国人，就连自己的国家也一并奉上。

1938 年 10 月 24 日，希特勒派亲信里宾特洛甫设宴招待波兰大使利普斯基。宴会持续了 3 个小时。席间，里宾特洛甫稍事寒暄，便将话头引入正题。他说，当前波兰和德国需要解决一些问题：波兰需要把但泽还给德国；希望波兰能够提供一条走廊，德国想建一条高速公路和一条双轨铁路，把德国同但泽和东普鲁士连接起来，两国享有治外法权；德国希望波兰能参加反共条约，共同反对苏联；作为交换条件，德国愿意把德波条约从 10 年延长至 20 年，并担保波兰的边界完整。

没等里宾特洛甫滔滔不绝地说完，利普斯基就明白了德国人的真正意图。他语气委婉地对里宾特洛甫说，他个人还看不出波兰政府有什么可能会把但泽还给德国。

这样的答复当然不合里宾特洛甫的口味，更不合希特勒的口味。于是，在里宾特洛甫会见利普斯基 5 天后，希特勒便迫不及待地向武装部队发出一份密令：

绝密

元首下令：

除了 1938 年 10 月 21 日训令中提到的三项紧急任务外，还应做好充分准备，使我们的国防军能以迅雷不及掩耳之势占领但泽自由邦。

准备工作应在当前工作的基础上进行，条件是利用政治上的有利形势对但泽实施准革命式的占领，而不是对波兰发动战争。

执行这一任务的部队决不能同时担任占领梅梅尔的任务，只有这样才能在必要时，两个军事行动同时进行。海军从海上发起攻击，支援陆军作战。

各兵种作战计划在 1939 年 1 月 10 日之前提交上来。

1939 年 1 月 5 日，新年刚过，希特勒便在伯希特斯加登接见了波兰外交部长贝克。他蛮横地说："但泽是德国人的，它永远是德国人的，迟早要成为德意志帝国的一部分！"不过，希特勒保证"不会在但泽制造什么即成事实"。他要求得到但泽，还要修一条经过走廊的德国公路和铁路。

希特勒说，要是他和贝克能够"摆脱老方式而按照全新的方式寻找解决办法的话"，他深信德波两国领导人会达成对两国来说公平合理的协议。贝克没有像希特勒那样持肯定的态度。经过一夜考虑，贝克次日在慕尼黑同里宾特洛甫做了一次长谈。他请里宾特洛甫转告希特勒，虽然以往跟德国人的历次谈话都使他十分乐观，但是昨天同希特勒的会面却第一次感到深为悲观，尤其是但泽问题，他"看不出有什么可能取得协议"。

3 月 21 日，里宾特洛甫再次召见波兰大使利普斯基，重复了德国对但泽和波兰走廊的要求，并且对波兰媒体的反德宣传及波兰民众的反德示威表示抗议。里宾特洛甫以从未有过的强硬口气警告利普斯基，波兰人没能对但泽问题作出积极的反应，已经给元首留下了不好的印象，元首对波兰在一些问题上的强硬立场感到惊讶。利普斯基回国后，立即作了汇报。

3 月 24 日，希特勒回到柏林。第二天，他对陆军总司令布劳希奇说，现在还不到用武力解决但泽问题的时候，如果波兰人不肯让出但泽，那就只好采用武力方式解决但泽问题。这时，波兰开始秘密向但泽地区集结兵力。英法听说此事后，感到事态开始严重起来。

3 月 25 日，德国情报局局长卡纳里斯海军上将向希特勒报告，波兰已经动员了三级役龄的后备兵力，且正向但泽地区集结部队。

3 月 26 日，利普斯基向德国外交部递交了一份备忘录。备忘录中写道：波兰愿意进一步讨论德国在波兰走廊的交通运输方法，但是不考虑给予治外法权；愿意以波德两国代替国联直接担保但泽自由市的地位，但是不同意将但泽让给德国。

看完备忘录后，里宾特洛甫非常生气，大声警告波兰大使利普斯基："如果事情任其发展，结果将会非常严重。"

波兰政府毫不示弱。

◎ "白色方案" 作战计划

3月28日，波兰外长贝克召见德国大使，向其宣读了一份声明。声明指出："如果德国企图单方面改变但泽现状，波兰将视其为开战的理由。"

波兰政府对纳粹德国的强硬态度，得到了民众的广泛支持，部分动员令下达后，民众积极响应。波兰政府不仅在国内动员，还在国际上寻求支持。

3月30日晚，英国驻波兰大使约见贝克，提出英法两国的建议：英法与波兰签订互助条约，以便波兰受到德国侵略后立即提供支援。贝克渴望的正是英法担保波兰的安全，自然表示完全同意英法两国的建议。

3月31日，英国首相张伯伦在下院发表演说："一旦发生任何威胁波兰独立而波兰政府也认为亟须动员全国力量进行抵抗的行动，那么，我国政府将认为有义务立即给予波兰政府全力支持。……我还要补充一下，法国政府已经授权我明确表示，他们与我国政府采取同一立场。"

英国和法国政府一改往日的软弱，大出希特勒所料。他听到张伯伦的演讲后，气得暴跳如雷，当着情报局长卡纳里斯的面，破口大骂张伯伦："愚蠢的老家伙，我一定给你点苦头尝尝！"

4月1日，德国"铁比茨号"战列舰举行下水典礼。希特勒在典礼上发表讲话，斥责英国和波兰。他说："如果他们（英国和波兰）以为今天的德国会耐心十足地坐在一旁，一直等到他们建立起卫星国而且拿这些卫星国来对付德国的话，那么他们就是把今天的德国错当成了一战前的德国了。"他声嘶力竭地说："他们在自己国内说，他们将武装起来，并且将持续不断地武装下去。我只能对那些政治家们说，你们休想把我拖垮！我早已下定决心要这样继续干下去了。"最后，希特勒声称，德国要求在自己的生存空间有自决权，不必征求他人的意见。

4月3日，希特勒向最高统帅部下达了对波作战计划，代号为"白色方案"。同时，他还指示最高统帅部："战备工作务必做到可以在1939年9月1日前的任何时间内发动军事进攻。""白色方案"是在极其秘密的状态下进行的。为了保密起见，方案没有打印，仅复写了5份。

与此同时，德国最高统帅部还印发了《关于武装力量一致准备战争的训令》，《训令》重申了闪击战的基本原则："我们的任务是消灭波兰武装力量。为此，必须力争和准备闪电式袭击。关于进行隐蔽或公开总动员的命令，尽可能在最后时刻下达。"

4月11日，希特勒签署了"白色方案"，其内容摘录如下：

鉴于波兰政府的态度，我们不仅需要使修改后的东部边界确保安全，还需要一定的军事准备工作，以期能随时消除来自这方面的各种威胁。

1. 政治方面

假如波兰单方面改变现有对德政策，采取对帝国进行威胁的态度，那么，对其进行最终清算将有可能势在必行。

到了这个时候，我们要达到的目的是，击垮波兰的防御力量，在东面营造一种满足国防需要的态势。最迟在冲突开始时，宣布但泽共和国为德意志帝国的领土。

当前的政治任务是，在上述情况下尽可能孤立波兰，也就是说将战争的规模限定在波兰一国。

2. 军事方面

德国国防军建设的伟大目标，视西方民主国家的敌对程度而定。"白色方案"只是各项准备工作的预防性补充措施，决不能将它视为同西方对手发生军事冲突的先决条件。

战争越是以突然、猛烈的方式开始并迅速取得胜利，就越容易在国际上孤立波兰，哪怕是在战争爆发以后也是如此。

3. 国防军

国防军的任务是歼灭波兰的武装力量。为达到这一目的，必须做好充分的准备，这样方能达成进攻的突然性。秘密的或公开的总动员尽可能推迟到进攻日的前一天进行。

4. 国防军各军种

（1）陆军

陆军东线的作战任务是歼灭该方向的波兰陆军。为此，在南翼，可进入斯洛伐克地区；在北翼，迅速在波莫瑞和东普鲁士之间建立联系。

做好开战的一切准备工作，以便以现有的兵力单独发起进攻，无需等动员后组建的部队到达后再行动。现有部队隐蔽的进攻出发地区，在进攻日之前予以规定。

我保留对此事的最终决定权。

（2）海军

波罗的海方面，海军担负下列任务：

A. 歼灭或击垮波兰海军。

B. 彻底封锁通往波兰海军基地特别是格丁尼亚海军基地的海上通道。

C. 切断波兰与海外的贸易联系。

D. 保持帝国至东普鲁士的海上通道畅通。

E. 保护帝国至瑞典和波罗的海沿岸各国海上交通线的安全。

F. 以不引人注目的方式实施侦察和警戒，防止苏联海军从芬兰湾进行干涉。预先派出适当数量的兵力用于保卫北海海岸和濒陆海区。

在北海南部和斯卡格拉克海峡，采取必要措施防止西方国家突然干预。所采取的措施应限定在绝对必要的限度内，还要保证不引人瞩目。避免采取可能使西方国家的政治态度强硬起来的一切行动，这一点至关重要。

（3）空军

空军的任务是对波兰实施空袭；在西线保留必不可少的兵力；在极短的时间内打垮波兰空军。另外，空军还要担负下列任务：

A. 干扰波兰政府的战争动员。

B. 破坏波兰陆军的兵力部署。

C. 直接支援陆军。支援越过边界的先头部队。战争开始前，航空兵部队有可能向东普鲁士转移，前提是不能影响战争的突然性。空军首次飞越边境时，必须与陆军的行动在时间上保持高度的一致。

希特勒特别强调海陆空三军作战计划及时间表务必在 1939 年 5 月 1 日前提交到最高统帅部。

◎ 希特勒的魔力演说

4 月 28 日，希特勒在国会发表演说。这次演说可谓希特勒最长的公开演说，他滔滔不绝地讲了两个多小时，其精彩程度不仅深深打动了德国人，就连那些身在德国的外国人也不禁为之拍案叫绝。希特勒的演说本来是为德国人准备的，结果不仅在全德国电台广播，而且全球几百家电台都有播出，特别是美国各大广播公司竞相转播这次演说。

希特勒在开场白中诉说了一番《凡尔赛和约》的罪恶及其给德国人民造成的长期苦难，接着说他对英国的钦佩与友谊，然后开始述说对英国的不信任，攻击英国对德国实行新的"包围政策"，并宣布废除 1935 年的《德英海军条约》。

对于波兰，希特勒公开了一直作为秘密保守的关于但泽和走廊地带的建议，他将这个建议称为"为了欧洲和平的利益而可能想象得出的最大让步"，并告诉德国国会，波兰政府已经拒绝了这个"独一无二的友好建议"。

希特勒在国会发表演说

希特勒说："我对波兰政府这种不可理喻的态度感到非常遗憾……最坏的是，波兰现在同捷克斯洛伐克一年前一样，在一个国际诽谤运动的压力下，相信它非征召军队不可，虽然德国并没有征召一个人，甚至连想都没有想过要对付波兰。这件事本身令人非常遗憾，后代人终有一天将能够判断它拒绝这一建议是否正确……这是我一再提出的……实在是独一无二的妥协……"

针对德国将要进攻波兰的消息，希特勒说，"这只不过是新闻界的无端捏造，这种捏造已经使得波兰同英国签订了一个协定。这种协定在某种条件下会迫使波兰对德国采取军事行动，所以波兰已经背弃了《德波互不侵犯条约》。鉴于此，我认为这个协议已经受到波兰单方面的破坏，已经不再生效"。

接下来，希特勒演讲的内容转向了德国和美国的关系以及美国总统罗斯福，此时他雄辩的口才进入高潮。希特勒充满伪善和欺骗的嬉笑怒骂，在德国国会议员和广大德国民众听来，却是振奋人心。当希特勒用独特的娴熟的思辨口才取笑罗斯福时，国会议员们不断地爆发出哄堂大笑。这些脑满肠肥的议员们的笑声、鼓掌声震彻寰宇，希特勒却保持着一本正经的神态，不露一丝笑容，以期达到演讲的最大效果，特别是结束语，堪称希特勒最为精彩的一段演说，摘录如下：

罗斯福先生！我深知贵国疆域辽阔，财力雄厚，这些使您自诩要对全世界的历史和所有国家的历史负责。而我，阿道夫，所处的地位却是再平凡不过了，格局自然没法跟您相提并论。

我接手的是这样一个国家，它由于太过相信外国的诺言，由于政府的恶劣制度，而面临着毁灭的危险。这个时候我来了，我克服了德国的混乱，建立了崭新的秩序，生产得到很大提高，交通有了很好的发展。在我的领导下，兴建了庞大的公路网，开凿了大运河，开办了大型工厂，同时我国人民的文化与教育水平有了很大提高。

在我强有力的领导下，700万失业工人全部重新就业，不但使民众在政治上团结起来，还将大家重新武装起来。我致力于一页一页撕毁那个长达448条的和约，其中包含着任何国家和任何人均无法忍受的最卑鄙的压迫。

我们1919年被人抢走的地方，又被我夺了回来，还给人民。我把成百万被迫分离而饱受辛酸的德国人领回了祖国。

然而，罗斯福先生，您没有流一滴血，没有给我国人民，当然也没有给别国人民带来战争的苦难。

罗斯福先生，您的任务与我相比容易得多。1933年，您出任美国总统，刚好，我也是在这一年出任德国总理。您起步就是这个星球上最强大最富有的国家的首脑。贵国格局之大，让您有时间关注世界性大问题。您的关心和主张涉及的地区自然要比我大得多。罗斯福先生，上帝命我托生的地区，也是我必须为之工作的地区，与您的地区相比要小得多，可是对我来说，它比任何东西更加珍贵，因为它完全属于我国人民所有。

尽管如此，我依然深信，正是这样，我才能对全部关心的事情尽最大的贡献，那便是：全人类的正义、幸福、进步与和平。

5月，德国加快但泽军事化的进程，利用各种借口把人员和武器运到但泽。但泽自由政府出动了大批警察和志愿兵，阻止了德国政府的行动。波兰外交部长贝克隐隐感到了战争的威胁，用强硬的讲话回应了希特勒。他说，波兰将不会屈服于纳粹德国的霸权。

◎ 波兰人仓促应对

5月23日，希特勒主持召开三军联席会议。就在前一天，里宾特洛甫与意大利外交部长齐亚诺签署了《德意友好同盟条约》，又称《钢铁盟约》，盟约坚定了希特勒采取下一步行动的决心，而召开这次会议的目的就是向高级将领们阐述他的想法与决定。这次会议的重要性，堪比1937年11月5日的那次联席会议，规模之大前所未有。参加会议的高级将领达14人。

希特勒告诉与会者，他已经放弃了把波兰作为反对苏联的盟友，决定将其摧毁。他解释说："波兰不是附加的敌人，它只会站在我们的敌对一方，所以但泽问题根本不是争执的目标，问题的关键是要把我们的生存空间向东扩张，是要得到我们的粮食供应，解决波罗的海问题。"

希特勒还提到了苏联，说："苏联也许会反对我们占领波兰。如果苏联、英国和法国结盟，那我们就必须先占领荷兰和比利时。到了这个时候，我们就不管什么中立宣言了，否则英国和法国的军队会借道荷兰和比利时来进攻我们。如果英国真的出兵干涉，我们必须同时进攻荷兰，在荷兰境内建立防线。对英法的战争是决定德国生死存亡的战争，在座的诸位千万不要存有侥幸心理！"

希特勒提醒与会将领，战争难以避免，他已经做好了准备。他说："大家别指望着捷克斯洛伐克事件能够重演，我们的任务是孤立波兰，能否孤立是关键问题。波兰问题与我们同西方大国的冲突是不可分割的，不存在饶恕它的问题。"

希特勒继续为他的将领们分析："从当前的形势来看，很显然，法国只是英国的追随者，英国才是反德的真正主力。英国人自傲、有胆、顽强、反抗坚决，最可怕的，他们是天生的组织家。英国人懂得如何利用形势，他们具有北欧民族的勇敢和冒险精神。同英国人作战将是一场生死搏斗，其目的是迫使他们屈膝投降，但它们不可能在一天之内就束手就擒。我们不会被迫卷入一场战争，但也不能避免一场战争。"

关于对英法作战的问题，希特勒显得更加激动。他说："为了避免英法参战，我们必须猛击波兰，迅速将其灭掉。关于谁是谁非、互不侵犯条约等，我们完全可以不用理睬。我们必须击垮英国在陆上可能实施的任何军事行动。我们如果占领了荷兰和比利时，又打败了法国，那我们就有了与英国决战的资本。提醒一下诸位，保密是战争成功的绝对前提，我们对意大利和日本也要做好保密工作。"

此时，德国已经利剑出鞘，而波兰仍然在畏首畏尾。面对德国公开的军事威胁，直到 1939 年 3 月捷克斯洛伐克灭亡时，波兰才开始制订反入侵作战计划，但在很长一段时间里波兰人生怕刺激德国，不敢大规模地行动。

6月14日，德第三集团军总司令勃拉斯科维茨将军发布了"白色方案"的详细作战计划。一周后，德国武装力量总参谋长凯特尔在由他签发的一份命令中称："元首已大体上批准了送给他看的初步时间表。"

波兰最高统帅部为了反抗德国的入侵，制定了代号为"西方计划"的作战计划：如果德国入侵，在德军主力东调之前，先向北进攻，夺取德国的东普鲁士，以此来解除北方的威胁；西部和西南边境采取守势，以阻挡德军的进攻，一旦英法在西线发起攻击，东西夹击，一举击败德国。另外，波军应在各要害地区以顽强的防御和预备队遏止德军的攻势，最大限度地重创德军，为英法盟军到达指定位置并展开兵力赢得时间，然后视情况发起反攻。很显然，波军的计划是建立在英法军队参战的基础上，假如英法不参战，波军的作战计划将很难成功，甚至一败涂地，最终的结局完全证明了这一点。

按照当时的动员计划，波兰军队总人数达到了150万，统帅部计划将现有兵力的70%用于战略第一梯队，沿着波兰同德国和捷克斯洛伐克接壤的边界全线展开，具体的兵力部署是这样的：

北线的莫德林集团军，辖2个步兵师、2个骑兵旅，部署在东普鲁士南部边界，如遇德军强力突击，则向维斯瓦河和那累夫河退却，并在这一带设立坚固防线。

维什科夫以北的维什科夫集群，辖3个步兵师，负责加强莫德林集团军。

苏瓦乌基方向的那累夫战役集群，辖2个步兵师、2个骑兵旅，负责掩护莫德林集团军的右翼。

"波兰走廊"方向的波莫瑞集团军，辖5个步兵师、1个骑兵旅，沿"波兰走廊"展开，负责阻击来自波美拉尼亚的德军。

波兹南省西部的波兹南集团军，辖4个步兵师、2个骑兵旅，负责防守法兰克福、波兹南方向，威胁德北方集团军和南方集团军，若有可能，可以对由西里西亚来犯的德军实施突击。

罗兹集团军，辖4个步兵师、2个骑兵旅，负责罗兹和华沙方面的掩护。

克拉科夫集团军，辖7个步兵师、1个装甲摩托化旅、1个山地步兵旅，在琴斯托霍瓦、卡托维采、克拉科夫一带集结待命。

喀尔巴阡集团军，辖2个步兵师、2个山地步兵旅和1个装甲摩托化旅，负责守卫波兰南部边界。

普鲁士集团军，辖8个步兵师、1个骑兵旅，配置在凯尔采、托马舒夫－马佐维茨基和拉多姆一带，作为预备队使用。

华沙、卢布林地区的维斯瓦河附近，部署一支小规模预备队。

海军的主要任务是确保对格丁尼亚海军基地和海尔半岛的防御，阻击德军登陆，其兵力构成为3艘驱逐舰、5艘潜艇、1艘布雷舰、6艘扫雷舰及一些辅助船只，还有若干沿岸防御营和海军航空兵。

空军的主要任务是支援海军作战，共有飞机824架，407架可用于作战，其中轰炸机44架、战斗机142架。

另外，每个集团军配备1个陆航大队，歼击航空兵独立部队和轰炸航空兵独立部队则直属最高统帅部。

从上述兵力部署上看，波兰武装部队总司令斯米格威·雷兹元帅是想守住波兰的全部领土，还要对东普鲁士有所进攻，而对东部与苏联接壤的方向没有部署兵力。很显然，雷兹将全部兵力用来对付德国，这种寸土不失、分散兵力的做法是不切实际的。对此，法国参谋总长甘末林将军曾试图劝说波兰最高统帅部应集中兵力在国家的中央部分建立一条坚固的防线，大致沿华沙前面的维斯瓦河设防，甘末林的建议被更看重政治意义的波兰领导人拒绝了。在他们看来，如果在交战之初就把人口密集的西部农业和工业地区拱手让给德国，那么波兰将会失去抵抗德军的意志。

◎ 等待斯大林的电报

6月22日，凯特尔向希特勒提交了一份《"白色方案"初步时间表》。希特勒审阅后，批示基本上同意。希特勒还在批示中提到，为了隐蔽起见，陆军总司令部所建议的在7月中旬把边境一带的医院腾空的工作先不要进行。

希特勒进行的是总体战，不但要军事动员，而且要求将国家所有资源动员起来。为此，戈林于6月23日主持召开了国防会议。35名高级文武官员出席了这次会议，其中包括代表军队的凯特尔、雷德尔、哈尔德、托马斯、米尔契和内政部、经济部、财政部和运输部的部长以及希姆莱等人。与会人员发言积极，会议开得很是活跃。

国防会议自成立以来，这是第二次开会。按照戈林的解释，国防会议只是在需要作出最重要的决定时才召开的。戈林首先发言，他说，元首已决定征召大约700万人，为了扩大劳动力的供应，经济部长丰克博士应安排工作给战俘和监狱及集中营里的犯人。希姆莱马上接口说，战时可以好好利用集中营的资源。

戈林接着又说："可以从捷克斯洛伐克保护国雇几十万工人过来，在我们的监督下做工，尤其是农业方面。他们可以住在临时营房里。"

内政部长弗立克博士向戈林保证在公共行政方面一定会节约劳动力。他承认当前，官僚人数增加了20倍到40倍，是一件吃不消的事情。

陆军参谋总部运输处处长鲁道夫·格尔克上校所作的报告比较悲观。他坦白地说："在运输方面，我们目前还没有准备好打仗。我们的运输条件能否适应战争的要求，要看战争规模能否限制在波兰而定。我们如果一定要对法国和英国作战的话，那么现有的运输系统根本不够用。"

6月底，波兰的但泽自由政府在市区修筑了大量工事，并征用大批房屋储存军火，严查过往车辆。

7月4日，因德国私运武器进入但泽的问题，波兰与但泽政府发生了海关争端。

7月份，德军搞了一次夏季联合演习。德国人打着演习的幌子，大量按战时编制满员的基干部队调到预定集中区域或战略展开地区。各基干师在参加庆祝坦嫩贝格会展25周年的借口下，由德国转移到东普鲁士各个练兵场。另外，已经扩充到战时编制人数的兵团还在德波边境进行了"掩体作业"，而坦克师、轻步兵师、摩托化师被调到德国中部进行"秋季大演习"。截至8月25日，预定用来进攻波兰和没有参加这些"演习"的师得到充分动员，被调往战略展开区。

8月2日，德国政府向苏联政府提出进行谈判，以便调整两国在黑海到波罗的海整个地区的利益关系，并建议签订一份德苏议定书。里宾特洛甫指示德国驻苏大使舒伦堡，要他立即求见苏联外交人民委员莫洛托夫，提出访问苏联的请求。

8月4日，波兰驻但泽外交代表通知地方当局，波兰海关稽查已奉命"携带武器"执行任务。但泽市民任何妨碍他们执行任务的行动都将被认为是对波兰官员的暴力行为，如果这种情况发生，波兰政府将毫不犹豫地对但泽采取行动。

其实，很长时间以来，德国一直在向但泽地区秘密运送武器，还秘密运送正规军军官训练当地的警卫队。武器和军官都是从东普鲁士越过边境偷运进去的。唯柏林马首是瞻的但泽当局想方设法阻挠波兰官员执行任务。

8月9日，德国外交部警告波兰政府，要是再向但泽下最后通牒，将造成德波关系的严重恶化，德国政府对此不负任何责任。令希特勒没有想到的是，波兰政府给出了针锋相对的回答："波兰政府将一如既往反对自由市当局损害波兰在但泽所享有利益的任何企图，将以本国政府认为合适的手段与方法来这样做，并且将德国政府的任何干涉视为侵略行为。"

8月11日，希特勒接见国际联盟驻但泽高级专员卡尔·布克哈特。他气急败坏地对布克哈特说："波兰人如果敢动一个小指头的话，我将动用手中强大的武器以雷霆万钧之势压过去，我们的武器波兰人想都想不到！"

同一天，里宾特洛甫在萨尔斯堡郊外的别墅会晤意大利外交部长齐亚诺。两人谈了10个小时。齐亚诺问："里宾特洛甫先生，你们到底想要什么？是走廊还是但泽？"里宾特洛甫冷冷地盯着意大利外交部长："那点儿东西怎么能满足我们的胃口，我们要的是战争！"

8月19日19时10分，里宾特洛甫在局势不断升温的焦虑中终于等到了舒伦堡从莫斯科发来的电报。舒伦堡在电报中说："苏联政府同意外交部长在经济协定宣告签字后一星期到莫斯科。莫洛托夫说，如果缔结经济协定的消息明天公布的话，德国外交部长就可以在 8 月 26 日或者 27 日到达莫斯科。莫洛托夫交给了我一份互不侵犯条约草案。关于我今天和莫洛托夫所作的两次谈话的详细报告以及苏联草案的全文将立即呈上。"

里宾特洛甫将这份电报立即交给希特勒。希特勒对苏联政府定的会谈时间感到不安，因为"白色方案"即将于 9 月 1 日实施，如果苏联政府有所拖延的话，"白色方案"将无法按照预定时间实施。

8 月 20 日，是个星期天，希特勒哪有心思享受周末时光，他召集里宾特洛甫商讨如何让苏联政府同意将会见提前。

18 时 45 分，希特勒火急火燎地给斯大林发了一封长电报。

约瑟夫·斯大林先生：

我衷心地欢迎新的德苏商务协定的签字，认为它是改变德苏关系的第一步，也是重要的一步。

对我来说，能与贵国政府缔结互不侵犯条约，意味着德国确立了长期政策。德国从此将恢复过去若干世纪中对我们两国都有益的政治方针。

我完全接受您的外交人民委员莫洛托夫先生拟定的互不侵犯条约草案，但是我认为迫切需要尽快澄清与之有关的问题。

假如有一位负责的德国政治家亲自到莫斯科谈判的话，我深信贵国政府所希望的补充议定书的内容在最短的时间内就能澄清。不然的话，德国政府就很难明白，该补充议定书如何才能在最短的时间内得到澄清并尽快加以解决。

德国和波兰的关系已经不可容忍，危机随时都会爆发。我们已经下决心从现在起用可支配下的一切手段来保护我们的国家利益。

我认为，既然我们两国都有建立彼此间关系的愿望，那么最好尽早能将这件事敲定。因此，我再次建议您最好在星期二，也就是8月22日，能接见一下我的外交部长，实在不行的话，那就星期三，也就是8月23日。德国外交部长有权代表我和德国政府来跟贵国代表拟定并签订互不侵犯条约和议定书。

鉴于当前紧张的国际形势，我们的外交部长在莫斯科可以逗留一天，至多不能超过两天。

我非常高兴地期待着您的尽快答复。

阿道夫·希特勒

这份冗长的电报发出去后，希特勒难以入眠。半夜，他仍然难以抑制极度紧张的心情，给戈林打了一个电话，向其表露了内心的紧张和不安。

8月21日21时35分，希特勒终于盼到了斯大林的回电。他迫不及待地打开这份至关重要的电报：

阿道夫·希特勒先生：

感谢您的来电。我相信苏德互不侵犯条约会成为改善我们两国关系的一个决定性的转折点。

苏德两国人民需要彼此间的和平关系。贵国政府赞成缔结一项互不侵犯条约，为在我们两国之间消除政治方面的紧张状态并实现和平与合作提供了很好的基础。

苏联政府命我通知您，我们同意冯·里宾特洛甫先生于 8 月 23 日到达莫斯科。

约瑟夫·斯大林

当德苏即将签署互不侵犯条约的情报传到华沙的时候，波兰政府似乎显得十分镇静，可是到了 22 日，在得知德国进行大规模备战后，波兰政府便惶惶不安起来。直到 23 日晚，波兰政府才决定采取进一步动员措施。

◎ 墨索里尼的来信

8 月 23 日和 24 日，德国外交部长里宾特洛甫访问了莫斯科。23 日午夜，里宾特洛甫和苏联外交人民委员莫洛托夫分别代表本国政府签订了《苏德互不侵犯条约》，条约的出炉震惊了全世界。斯大林出席了签字仪式，他告诉里宾特洛甫，苏联政府是非常认真地对待这项新公约的，他可以用自己的名誉来担保，苏联决不会背叛自己的伙伴。

德国在苏联的每一项要求上都作出了让步，包括一些势力范围问题。条约的附属协议规定，在发生领土和政治变动时，芬兰、爱沙尼亚、拉脱维亚属于苏联的势力范围；德苏在波兰的势力范围大体上以那累夫河、维斯杜拉河和桑河一线为界。有趣的是，在《苏德互不侵犯条约》公布时，参加英法苏三国军事谈判的英国和法国代表团依然在莫斯科兢兢业业地工作着。

在里宾特洛甫动身前往莫斯科的同一天，希特勒送走前来告别的外交部长后，出席了高级陆军指挥官的参谋会议。在这次会议上，希特勒向他的将领们阐述了自己的战争观，他说："我将提出发动战争的宣传上的理由——不必管它讲得通、讲不通，胜利者在事后是没有问他当初说的是不是实话的。在发动战争和进行战争时，是非问题无关紧要，重要的是胜利。心要狠，手要辣，谁强就是谁对。谁若是仔细想过这个道理的话，谁就懂得它的意义就在于优胜劣汰，弱肉强食！"

德国外交部长里宾特洛甫访问了莫斯科

会议结束时，希特勒下令"白色方案"付诸实施，实施的时间预定在 8 月 26 日凌晨 4 点 30 分，目标是"摧毁波兰的有生力量"。

8 月 24 日，戈林早早来到帝国总理府。18 时，希特勒从伯希特斯加登回来。18 时 45 分，里宾特洛甫从莫斯科回到柏林，顾不得回家直接来到帝国总理府。希特勒决定召开一次临时紧急会议。会议的中心议题是如何应对英国政府表现出的意想不到的坚决态度。会议引起了一些争论。

8 月 25 日，德国海军"石勒苏益格－荷尔斯泰因号"老式战列舰以纪念一战阵亡将士为名，对但泽自由市进行了"友好访问"。"石勒苏益格－荷尔斯泰因号"战列舰舰长克雷坎普上校心里很清楚此行的真正使命。海军总司令雷德尔海军上将给他的指示上写道："在'白色方案'开始后，摧毁波兰海军，封锁波兰海岸，堵塞其港口，破坏波兰的海上航运，确保德国的海上安全。"德国海军东部战区司令、海军作战部长阿尔布雷赫特海军上将指示克雷坎普将其军舰停泊在但泽市北边郊区、韦斯特普拉特要塞附近的有利位置，等待战争的到来。

韦斯特普拉特是个古老的城堡，位于但泽以北 6 公里处，波兰人在那里有一处军事设施。此时，驻扎在韦斯特普拉特要塞的波军是隶属于第二〇九步兵团的 182 名士兵，拥有 1 门 75 毫米炮、2 门 37 毫米炮、4 门 81 毫米迫击炮和 22 挺重机枪。

德军远胜波军，他们至少有 4 门 280 毫米炮、10 门 150 毫米炮和 4 门 88 毫米炮。为了攻占要塞，德国人除了"石勒苏益格－荷尔斯泰因号"战列舰上的 280 毫米和 150 毫米炮以外，还调来了 210 毫米榴弹炮、105 毫米加农炮及空中支援。

8 月 25 日下午，《英波互助同盟条约》在伦敦签字。听到这一消息后，希特勒大吃一惊。当天，墨索里尼曾通过外交部长齐亚诺转交给希特勒一封信，阐明意大利在波兰问题上所持的态度。信的内容摘要如下：

一旦发生军事行动，意大利及我所持的态度如下：

德国如果进攻波兰，冲突限于局部，那么意大利会根据德国的要求提供一切政治援助和经济援助。战争开始后，假如波兰的盟国向德国发动反攻，那么我要事先跟您说一声，由于意大利当前的战争准备情况，我觉得在军事上以不采取主动为好。

至于我们的战争准备情况，我们曾经不止一次而且及时告诉过您，元首，也曾告诉过冯·里宾特洛甫先生。当然，德国若能立即将军事物资和原料交付我们，以抵抗法英两国针对我们的进攻，那么我们可以马上投入战争。

我们的历次会谈中，都将战争预定在1942年。到那个时候，按照协商好的计划，我们在陆海空方面都将准备充分。

我认为，我们目前采取的军事措施及以后采取的其他措施，都会在欧洲和非洲牵制住数量可观的法英两国兵力。

我还认为，作为忠实的盟友，我觉得我有责任有义务将这些情况如实奉告，否则将会给我们双方带来不愉快的后果。

以上，都是我的真实想法。

结合墨索里尼的来信，希特勒经过深思熟虑后，最终决定将已经启动的"白色方案"暂时停下来。德国海军记事册8月25日记载：由于政治局势的变化，已经开始进行的"白色方案"将于20时30分停止。

在世界各国的压力下，"白色方案"被迫停止实施，但是希特勒征服波兰的野心仍然不死。为此，他指示宣传部长戈培尔利用报纸发动攻势，目的是为战争寻找突破口。

8月27日，波兰政府决定实施战争动员。此后，鉴于德国在波兰边境线集结兵力，并发生多起冲突，波兰政府决定在29日实行全民总动员。

◎ 卑鄙的行动

8月26日的《柏林日报》出现了这样一则标题："波兰完全陷入骚乱之中——日耳曼人家庭在逃亡——波兰军队进抵德国国境边缘！"德国《12点钟报》刊登："这样的玩火行为太过分了——三架德国客机受到波兰人射击——走廊地带许多日耳曼人农舍成为一片火海！"27日，德国《人民观察家报》头版头条，用头号大字印着通栏标题："波兰全境均处于战争狂热中！150万人已经动员！军队源源不断运往边境！上西里西亚陷入混乱！"

8月29日，希特勒和他的顾问们起草了一份交给波兰的建议。他要求这份建议，要么使波兰立即接受，要么立即拒绝。对于德国来说，波兰接受与拒绝无关紧要，关键是以此获得某种借口。如果波兰无条件接受，德国外交则胜券在握；如果波兰拒绝，德军则可以师出有名。

对于希特勒的建议，波兰答复如下：准备在体面、平等的基础上与贵国进行谈判；派大使接受贵国的建议，但不接受贵国的最后通牒；建议谈判在一个中立国家的首都举行，可以在罗马举行。

8月30日，波兰海军总司令约瑟夫·乌恩鲁格接到了海军部发来的绝密电报，开始实施逃亡计划。凌晨2时30分，波军"暴风雪号""雷霆号""闪电号"驱逐舰秘密驶出格丁尼亚海军基地，前往海尔基地。黄昏时分，3艘驱逐舰结伴而行，高速冲出波罗的海。午夜，3艘驱逐舰向波兰海军部发去电报：我们正在穿越卡特加特海峡。

德军的潜艇在波罗的海发现了波兰这3艘驱逐舰，但没有对其发动攻击，只因战争尚未爆发。因此，3艘驱逐舰得以在31日安全抵达苏格兰的利思海军基地。此前，波兰海军的1艘训练舰和1艘帆船也启程前往英国避难。波兰海军的这种做法也是出于无奈，本意是为了保存实力，却没想到此举极大地削弱了波兰海军的实力，使得波兰海军从一开始就处于绝对劣势。

8月31日，柏林电台播出两条消息。一条是元首对波兰的"建议"；另一条是波兰已经侵入德国领十，占领了格莱维茨电台。

关于波兰入侵德国，对不明真相的民众来说，自然是一片恐慌。然而，对于柏林高层来说，却是充满喜悦。德国陆军参谋长哈尔德在日记中这样写道："卡纳里斯同第一局（作战部）查对过，希姆莱、海德里希，上萨尔斯堡：给上西里西亚送150套附件齐全的波兰军服。"

波兰入侵德国事件的代号叫"希姆莱计划"，其实做法很简单：纳粹党卫队的秘密警察命令集中营里的死囚穿上波兰陆军军服，向靠近波兰的格莱维茨地方广播电台发动进攻。这个地方靠近德波边境，这样就造成了波兰军队入侵德国的假象。

当"希姆莱计划"开始实施时，做了一些修改：由穿着波兰军服的党卫队人员开枪射击，把事先麻醉过去的集中营囚犯放在地上，充当电台方面被打得奄奄一息的伤亡人员。戈培尔的手下立即对各个战斗现场进行了拍照。按照事先预谋，第二天德国各大报纸头版头条刊登了"波兰军队"入侵德国的大幅照片。

执行这次任务的党卫队特工阿尔弗雷德·赫尔莫特·瑙约克斯 1945年 11 月 20 日在纽伦堡军事法庭上提供了有关"希姆莱计划"的实施细节（摘录）：

大概是 1939 年 8 月 10 日，或者这一天前后，保安处处长海德里希亲自下令，命令我伪装进攻波兰边境附近的格莱维茨电台，而且要这支进攻部队伪装成波兰人的样子。海德里希对我说："需要向外国报界和德国宣传部门提供足以证明波兰人发动这次进攻的真凭实据……"

我接到的命令是攻占广播电台，占领时间以让一名归我指挥的能说波兰话的德国人广播完一篇波兰语演说为准。海德里希跟我说，这篇演说应该提到德国人同波兰人开战的时刻到了……他还跟我说，他预计我们将在几天内进攻波兰。

遵照命令，我立刻动身前往格莱维茨，我整整待了 14 天……8 月 25日至 31 日期间，我去见了一个秘密警察头子缪勒，他当时正在附近的奥普林。缪勒当着我的面同一个叫作梅尔霍恩的人讨论了制造另一个边境事件的计划。他说，一定要把事情做得看起来像是波军进攻德军那样……缪勒还说，他有十二三名死囚，让他们穿上波军制服，然后将其杀死后放在事发地点，以此表明这些死囚是在进攻时被打死的。为了达到这个目的，海德里希部下的医生给这些死囚打上毒针，然后用枪射击，以此来制造出受伤的假象。事件发生后，要及时把报界人士和其他人士带来现场……

缪勒告诉我，他从海德里希那里得到一个命令，要给我这样一些死囚来布置格莱维茨的事件。他在提到这死囚时用的代号是"罐头货"。

8月31日中午，我从海德里希那里接到一个密令，说是在当天20时发动攻击。海德里希在密令里指示："执行这一攻击前，向缪勒领取'罐头货'。"我只能照办，要求缪勒把密令中所说的"罐头货"带到电台附近来交给我们。时间不长，人就被带来了，我把他放在电台的门口。这个时候，他还活着，但已经完全失去了知觉。我掰开他的眼睛看了看，我看不出他是否还活着，不过还有呼吸。他身上看不到枪伤，但是脸上满是血污，身穿便服。

我们遵照命令攻下了电台，通过一个紧急备用发射台广播了三四分钟演说，之后掏出手枪打了几枪后才离开的。

在纽伦堡法庭上，纳粹德国谍报局的拉豪森将军也说过，所有参加制造格莱维茨电台事件的穿着波兰军服的党卫队成员全部被干掉了。如此看来，纳粹不仅对敌人凶残，对自己人照样不手软。

◎ 死神逼近波兰

8月31日上午，希特勒签发了进攻波兰的第1号作战指令。1号作战指令吹响了向全世界宣战的号角，将人类拖入一场空前惨烈的大灾难。下面就是1号作战指令全部内容。

国防军最高司令	柏林
国防军统帅部／指挥参谋部／国防处一组	1939年8月31日
1939年第170号绝密文件	仅传达到军官

第1号作战指令

鉴于用和平方式处理东部边境德国不能容忍的局势的一切政治可能已经宣告失败，所以我决定采用武力方式解决。

进攻波兰遵照为"白色方案"所做的准备工作进行，陆军方面已经几乎完成了集结，所以需要适当进行一些变更。

任务分配及作战目标没有变化。

发起攻击的时间：1939年9月1日4时45分。

与此同时，展开对格丁尼亚－但泽湾和迪绍大桥的行动。

在西线，有一点至关重要，那就是让英国和法国单方面承担挑起战争的责任。对于侵犯边界的小规模活动，暂以局部行动对付。

对荷兰、比利时、卢森堡和瑞士等中立国，由于我们给予过保证，所以一定要予以尊重。

未经我的同意，不得在陆上任何一个地点越过德国西部边界。这同样适用于海上的一切战争的或可解释为战争的行动。

空军的防御措施，目前仅限于无条件拦截敌人对德国边境发动空袭。在拦截单机和小编队敌机时，要尽可能长时间地尊重中立国的边界。只有在英国和法国出动强大攻击编队飞越中立国领空进攻德国而西部的对空防御不再有保障时，方可在中立国上空实施拦截。

需要特别强调的是，西方敌对国侵犯第三国中立地区的情况，应毫不迟延地随时向国防军统帅部报告。

假如英法两国对德开战，国防军西线部队的任务是，在尽可能保存实力的情况下，为结束对波兰作战创造有利的条件。在这个范围内，最大限度地消耗敌人的武装力量及其军事经济资源。无论何时何种情况，我拥有下达进攻命令的唯一权力。

陆军坚守西线壁垒，随时做好准备阻止（西方国家在侵犯比利时或荷兰领土的情况下）从北面包抄西线壁垒。一旦法国军队进入卢森堡，立即炸毁边界上的桥梁。

海军的主要任务是对英国进行经济战。为了扩大效果，可以考虑宣布危险区。海军总司令部要提出报告，说明哪些海域适于宣布为危险区以及危险区的范围。至于公告的内容可与外交部协商拟订，最后呈报国防军统帅部，由我批准。另外，还要防止敌军进入波罗的海。为达此目的，是否以水雷封锁波罗的海通道，具体由海军总司令决定。

空军的首要任务是，防止英国和法国空军袭击德国陆军和德国的生存空间。对英作战时，空军应破坏其海上补给线，摧毁其军事工业，阻止其向法国运送兵力。一定要抓住有利战机，对密集的英国舰队特别是战列舰和航空母舰，实施有效的打击。至于对伦敦的空袭，则由我决定。

为做好攻击英国本土的准备工作，切记在任何情况下，都必须避免以不充足的兵力取得不完全的胜利。

签字　阿道夫·希特勒

希特勒在作出这个事关人类命运的作战令前，一直处于煎熬中。陆军参谋长哈尔德在 8 月 30 日的日记中写道："下午 6 时 40 分，冯·布劳希奇将军的副官库特·西瓦尔特中校给我送来一个通知。通知写道：做好一切准备，以便能够在 9 月 1 日 4 时 30 分发起总攻。如果因伦敦的谈判而需要推迟，那就改在 9 月 2 日发起攻击。如果改期，我们会在明天下午 3 时以前收到通知。元首说，不是 9 月 1 日就是 9 月 2 日，过了 9 月 2 日，进攻取消。"

当希特勒在作战令上签完字后，如释重负，终于可以好好享受一顿午餐了。

这天中午，纳粹党的二号人物戈林跟他的瑞典朋友达勒鲁斯一起用餐。

午餐是达勒鲁斯请的。席间，这位瑞典朋友建议戈林把英国大使汉德逊请来谈谈。趁着酒兴，戈林满口答应了瑞典人的建议。回到寓所后，戈林立即给希特勒打了电话。希特勒对达勒鲁斯的建议没有表示反对。

在征得元首同意后，戈林马上向汉德逊发出邀请，请他下午 5 点来寓所喝茶。戈林在茶会上以威胁的口吻对这位英国大使说："如果波兰人不肯让步，德国将会把他们像虱子一样掐死。如果英国宣战，我们将感到非常遗憾，但是你们以后会知道这是一种非常轻率的行动。"

关于这次茶会，汉德逊在《最后的报告》一书中有所阐述："在这次茶会中，戈林谈了两个小时波兰的罪状以及希特勒先生和他自己同英国友好的愿望。这是一场毫无结果的谈话。我的印象是，这是他最后一次徒劳的努力，想让英国抛弃波兰……他在这样的时刻竟然肯让我占据他这么多时间，我当时有一种非常不妙的感觉。假如不是安排妥当了，他决不会在这个时候来陪我谈话。"

31 日 12 时 40 分，波兰外交部长贝克指示驻柏林的大使利普斯基，要求会见里宾特洛甫。如果这一要求被拒绝的话，就要求会见德国外交部国务秘书魏茨泽克。会见的目的是通知德国政府，波兰政府对英国提出的恢复波德直接谈判的建议正在以非常积极的态度考虑，同时告诉德国政府，波兰将在几个小时后向德国作出明确答复。

利普斯基马上向德国外交部发出请求。15 时，魏茨泽克打电话询问利普斯基，他提出的会见将以什么身份。利普斯基说，他仅以大使的身份递交该国政府一封信。魏茨泽克告诉利普斯基，会见时间要请示过外交部长里宾特洛甫先生后才能确定。

直到 18 时 30 分，利普斯基才见到里宾特洛甫。里宾特洛甫问利普斯基是否被授予特别权力，当得到否定的答案时，德国人便高傲地结束了这次会晤。

这是波德两国政府代表之间在战争爆发前的最后一次直接接触。没有最后通牒，也没有任何暗示，连希特勒费尽心机主持拟定的用来刁难波兰人的"建议"也没有给利普斯基看一眼。

然而，希特勒在第二天的国会演讲中却表现出的一脸无辜："两天，整整两天，我和我的政府耐心地等待着，等待波兰政府是否方便派一位全权代表前来。但是，如果把我对和平的热望和我的耐心当作软弱或者胆怯的话，那就大错特错了……我再也看不到波兰政府有任何诚意同我们进行推心置腹的谈判……所以，我决定用波兰人在过去几个月中对我们使用过的语言来对波兰人说话。"

夜幕降临时分，150 万德军进入波兰边境线的最后阵地待命，只等翌日拂晓发起攻击。

沉沉暗夜，死神压境。

第四章　闪击开始

　　德军第一天打击的力度远远超出了波军的想象。德国的轰炸机投下成千上万颗燃烧弹。德军有一种多用途高爆炸弹，重达50公斤，杀伤力巨大，可以炸毁建筑物，可以在炸断铁路的同时留下深深的弹坑。

◎ 打了个措手不及

9 月 1 日清晨，德国记者涌向格莱维茨电台。几小时后，德国所有的出版物都登载了把"守卫电台的德国士兵"击毙的"波兰士兵"的照片，这些照片激起了德国广大民众的强烈愤慨。希特勒宣布德波两国进入战争状态，其中"格莱维茨事件"就是他入侵的一个重要借口："昨晚，波兰军队入侵我国，自今日起，我们将用炸弹回敬他们。"

这一天，希特勒起得非常早，特意穿上了那件不常穿的褐色军装，左臂戴着党卫队的袖箍。小胡子修剪得整整齐齐，头发梳得溜光，胸前那枚在一战时获得的一级铁十字勋章尤其扎眼。

高音喇叭里传出了希特勒在帝国会议上沙哑的极富鼓动性的声音："昨晚，波兰的正规军对我们的领土发起了第一次攻击。为了制止这种疯狂行为，我们只有以武力对付武力。今天，我又穿上了这身对我来说最为神圣、最为宝贵的军服。在取得最后胜利之前，我决不脱下这身衣服，否则将以身殉国。"

其实，早在希特勒国会演讲发表的几个小时前的 4 时 17 分，也就是"白色方案"正式实施前 28 分钟，"石勒苏益格 – 荷尔斯泰因号"战列舰的 4 门主炮向韦斯特普拉特要塞开火。波兰海军立刻用水雷封锁了皮劳至海尔半岛附近的海域，使德国海军进攻但泽湾的计划宣告失败。

进攻但泽的德国海军分为 3 个战斗群：小型炮艇和扫雷艇封锁但泽港；吕特晏斯海军中将率驱逐舰队和鱼雷艇在波兰海岸线拦截波兰和中立国的船只；巡洋舰队和 10 艘潜艇在外围拦截波罗的海的波兰军舰和商船。

但泽的波兰守军共有 7500 多人，拥有 4 门 105 毫米炮、1 门 100 毫米炮、15 门 75 毫米炮、9 门 37 毫米防空（反坦克）炮、13 门迫击炮和 140 多挺机枪。

德国海军开火后，韦斯特普拉特要塞的波兰守军与之展开激烈战斗。

4 时 26 分，德军 3 架 Ju–87 俯冲轰炸机自机场起飞，第一俯冲轰炸机联队第三中队队长布鲁诺·迪雷奉命炸毁波兰维斯瓦河迪尔沙铁路大桥的爆破控制器，阻止波军炸桥。3 架轰炸机一前一后，贴着树梢进入波兰领空。4 时 34 分，3 架轰炸机飞到维斯瓦河迪尔沙铁路大桥东侧路基，因爆破控制器太小，很难瞄准。对于迪雷来说，这并非难事，因为在开战前，他在训练基地进行过反复模拟轰炸，还多次化装成游客到爆破控制器附近侦察。迪雷驾驶的轰炸机在 10 米高度投下了 250 公斤炸弹。

几分钟后，德军阵地上数不清的炮群开始发射，数不清的飞机先后起飞，数不清的坦克越过边境线朝波兰境内快速突击。

波军主力部署在边境地区，纵深兵力太少，对德军大量使用航空兵对纵深要地进行"闪电"袭击茫然无知，加上没有任何对空防御准备，结果德军飞机如入无人之境，完全自由地飞来飞去，想炸哪儿就炸哪儿。德军飞行员就像过节放鞭炮一样，投完炸弹，急忙返航，再装弹，再轰炸。

德国空袭波兰

　　德军第一天打击的力度远远超出了波军的想象。德国的轰炸机投下成千上万颗燃烧弹。德军有一种多用途高爆炸弹，重达50公斤，杀伤力巨大，可以炸毁建筑物，可以在炸断铁路的同时留下深深的弹坑。德军轰炸机摧毁了波兰的铁路系统，将近100万响应波兰政府动员令而集结起来的士兵阻塞在铁路线上。

　　5时10分，德军18架轰炸机空袭了波兰海空军基地普克，摧毁大量设施和水上飞机，仅有1架意大利制造的水上轰炸机逃跑，不过10天后还是被德国空军击毁了。5时45分，在波美拉尼亚和东普鲁士集结了由21个师编成的德军北方集团军群，在德国的西里西亚和捷克斯洛伐克境内展开的由

33个师编成的德军南方集团军群，发起了全线进攻。

这次攻击，德军共投入44个师，其中7个装甲师、4个轻装甲师、4个摩托化师、2000多架飞机、2800辆坦克，总兵力88.6万人。波军拥有7个集团军、4个战役集群、870辆坦克和装甲车、400架可作战飞机，共30个步兵师、11个骑兵旅、2个摩托化旅，总兵力150万人。

戈林命令空军作战时必须集中使用，不得分散。戈林任命里希特霍芬为"特命空军指挥官"，负责协调空军和陆海军的作战行动。为了提高协同作战能力，空战专家里希特霍芬把前线指挥部设在陆军司令部，向步兵部队提供大批乘坐无线电通信车或者手提无线电台的联络员，并建立了地空联络体系。另外，里希特霍芬还准备了大量侦察机，以便随时捕捉战机。

波兰尽管拥有824架各式飞机，却只有407架具有战斗力，而高炮部队的情况更加糟糕。波兰飞机不仅数量少，而且陈旧。波兰主力战斗机PZL-P-7/11型最大时速只有388公里。这种战斗机是20世纪30年代初生产的，在当时属于一流战斗机，但是到了1939年，则远远不是德国Me-109和Me-110战斗机的对手。波兰只有37架PZL-P-37新型轰炸机。

面对德军暴风骤雨般的猛烈打击，波军猝不及防，400架飞机还没来得及起飞就被炸毁，无数火炮、汽车及辎重来不及撤退就被摧毁，交通枢纽和指挥中心遭到破坏，部队陷入一片混乱。德军以装甲部队和摩托化部队为前导，很快从几个主要地段突破了波军防线。德军坦克在其他兵种的配合下，一路势如破竹，势不可当。

德军南北两个集团军群分别由第一航空队和第四航空队实施掩护。在2816公里的国境线上，当德国装甲师隆隆驶向指定目标时，机关枪发出刺耳的嗒嗒声，与装甲车运行时的轰鸣声混合在一起。与紧张的战争气氛相对应的，却是谈笑风生的德国士兵。他们不时停下来破坏障碍，或者协助宣传队的摄影师推倒边界标识牌。南方集团军群总司令龙德施泰特边指挥部队进攻边在寺院里与参谋长和其他高级参谋们吃早餐，气氛异常轻松。

龙德施泰特的南方集团军群第十四集团军占领了西里西亚工业区后，分出一部分兵力翻越贝斯基迪山，进攻塔尔努夫，从西面向杜纳耶茨河挺进。第十集团军则快速插进奥珀伦以东波军防御阵地。第十集团军的先头部队于9月2日占领琴斯托霍瓦北面的瓦尔塔河。随后，第十集团军其他部队开始朝着华沙和拉多姆方向推进。

南方集团军群的一个侦察连长汉斯·冯·卢克在战地日记中这样写道："我们与装甲兵侦察连一起行动，波兰边境上只有一个海关官员在防守。当我们的几个士兵走近他时，这个吓得半死的人打开了国界栅栏。我们没有遇到任何抵抗，便踏上了波兰的国土。方圆数里，看不到一个波兰士兵的影子，尽管他们可能一直在为德国入侵做准备。"

德国"装甲兵之父"古德里安一手创建和训练了装甲部队。当时，他任装甲兵第十九军军长。在人类战争史上规模空前的机械化部队大进军中，古德里安成功地实践了他的装甲兵理论，他所率领的第十九装甲军接连取得胜利，他本人被称为闻名世界的"闪电英雄"。

古德里安的第十九装甲军隶属北方集团军群第四集团军，辖1个装甲师、2个摩托化师和1个步兵师。第十九装甲军既是第四集团军的中路，又是攻击前锋。古德里安的部队是一支极富战斗力的军队，由于上级在战术实施和后勤管理上均放权给古德里安，所以这支部队的战斗力异常强悍。第十九装甲军不受步兵拖沓的供给的影响，可以完全独立行动，这样的部队在战争史上还是第一支。

古德里安的第十九装甲军是保持德国入侵势头的"撒手锏"。从德军入侵波兰的第一天开始，古德里安就看到了胜利。他的第十九装甲军一路势如破竹，锐不可当。面对第十九装甲军秋风扫落叶般的打击，惊慌失措的波军只有招架之力。有了第十九装甲军这样强悍的部队，北方集团军群就像上了发条的表针一样，一路向前，对最终的胜利起到了至关重要的作用。

然而，德军的先头部队第一次参加战斗就碰到了许多问题。后来成为赫斯第三集团军情报军官的冯·梅伦延记述了这样一件事："战斗打响后，我才知道真正的战争条件下，即使一个受过良好军事训练的军人也会激动和紧张。一架低空飞行的飞机在战地司令部的上空盘旋，士兵们顺手抓起武器朝这架飞机开火。一位空军联络官跑过来，要求大家停止射击，他对这些激动过头的士兵说，那是一架我们自己的指挥飞机——老牌的'弗斯勒'式飞机。飞机着陆后，从里面走出了直接指挥我们的空军将领，而他却没有感到这件滑稽的事情有多么可笑。"

就像空袭受到北方恶劣天气的影响一样，古德里安的第十九装甲军的推进也受到了天气的影响。古德里安指挥部队用坦克炮轰击波军的阵地，用履带碾压波军士兵，冲撞破坏波军的车辆。军长亲临一线与战车一起行动，这是古德里安的一个首创。更为先进的是，古德里安的战车上都装备了无线电设备，这样，他就可以随时与所属各个师保持密切联系。

因天气有雾，能见度太差，以致时有误伤自己人的事件发生。德军很多部队是第一次参加战斗，尤其在执行"闪击战"这样的新战术时，先头部队很不在行，这也暴露了当时几乎不可一世的德军部队的弱点。

　　远在苏联的斯大林焦虑不安地关注着德军对波兰的大举进攻。德军的长途奔袭证明了德国军队机械化的强大与可怕。斯大林的军事专家们认为，苏联红军从装备至训练等许多方面都顶不住这种闪电式的进攻。

◎ 外交斡旋

斯大林在一次最高军事委员会会议上说，拥有大量坦克摩托化部队的一方将具有极大的优势。在装甲集团军的建设方面，苏联十分落后。苏联国防工业正在向这方面努力，力图赶上德国。然而，这需要时间，在战前的每个月每一天都弥足珍贵。

随着浓雾渐渐散去，德军加快了向波兰腹地推进的速度。

9月1日8时，瑞典人达勒鲁斯来到戈林的官邸。戈林会见了达勒鲁斯，他觉得这位瑞典朋友正好可以充当德国的传声筒。戈林告诉他，战争已经爆发，是波兰人挑起的，就在昨天晚上，他们进攻了格莱维茨电台，还炸毁了德却奥附近的一座桥梁。

达勒鲁斯从戈林官邸出来后，立即给英国外交部打了个电话，将戈林的话转告给伦敦。达勒鲁斯在电话里学着戈林的腔调说："波兰人把一切希望破灭了。"还神秘兮兮地说："据我所得到的情报，有证据证明波兰人从来就不打算谈判。"

10时，希特勒兴奋地向国会宣布，德国军队已经攻入波兰，德国从此进入战争状态。希特勒的演说激起了议员们阵阵狂热的欢呼。

德国航空机群对波兰的主要城市、交通要道、军营、指挥所、空军机场等目标进行了狂轰滥炸，完全取得了制空权。德军的装甲部队推进神速，如入无人之境。

波兰骑兵无法适应与坦克兵团作战，他们以为坦克是用汽车加锡板做成，是用来吓唬人的。波兰骑兵狂风般冲来，喊杀声一片，高举马刀砍向德军坦克。德军坦克的炮火覆盖了骑兵群，波兰骑兵成排成排地倒下，偶尔有靠近坦克的骑兵也被活活碾死。被德军装甲部队包围的波兰骑兵像羔羊一样，德军坦克来回碾压。即便如此，波兰骑兵都没有投降，甚至没有后退的。

这是骑兵与坦克的碰撞，也是愚昧与科技的碰撞。

波兰军队的克拉科夫和罗兹两个集团军损失惨重，开始向东撤退。波莫瑞集团军的情况也好不到哪里去，该集团军受到德军第四和第三集团军的包抄，如果撤退就会过早地将通往华沙的道路让给德军。波兹南集团军的情况还算可以，不过他们未能及时后撤，以便跟友邻部队保持联系并建立有效的防线。

战争的第一天，波军就受到了如此严重的打击，以致再无可供使用的预备队。

波兰政府在获悉德军入侵的那一刻，即向英国政府求救。波兰驻英国大使拉斯津斯基急匆匆拜会英国外交大臣哈利法克斯，说他们已经从巴黎得到了正式消息，目前德军已经从4个地点侵入波兰，波兰的主要军事要塞和各大城镇遭到德国空军的轰炸。他还强调说，德国对波兰的突袭是一个"符合条约规定的明白无误的事例"。波兰大使显然是在暗示英国是该履行他们诺言的时候了。

哈利法克斯听了拉斯津斯基的要求后表示，如果大使先生所说的完全属实，英国政府无疑会同波兰政府持同样的看法，但若要英国政府作出任何决定的话，还须内阁会议研究决定后才行。

哈利法克斯与拉斯津斯基会见结束后，紧急约见了德国驻英国临时代办科尔特。哈利法克斯直言相告，英国政府获悉德国的军队正在进攻波兰，希望德国能够提供这方面的详细信息，并就有关问题作出解释。他还提醒说，德国的行动造成了非常严重的局势，英国政府将立刻就此事召开内阁会议，至于内阁会议后有什么信息需要向德国政府出示，将直接发往柏林。

科尔特说他没有收到任何有关这方面的信息，如此回答当然令英国外交大臣非常失望。科尔特的确对此事一无所知。由于希特勒对波兰的攻击实在太突然，以致很多海外的德国人毫不知情。当科尔特询问柏林时，得到的是另一个版本的信息。随后，科尔特给哈利法克斯打电话，他说他已经询问过外交部，哈利法克斯得到的消息"完全不是事实"，实际情况是波兰人在昨天夜里就已经在德波边界向德国开火，现在德军进行的是自卫还击。

与此同时，英国驻德国大使汉德逊向伦敦报告了刚从戈林那儿得到的情报："波兰人在夜里炸毁了德国的德却奥桥。希特勒接到这个消息后立即下令把波兰人从国境线上赶回去，并命令戈林摧毁边界线上的波兰空军。"

半小时后，汉德逊又向哈利法克斯打了一个电话，他在电话中建议："我觉得有责任向您陈述我的信念，不论其现实的前景有多么渺茫，我认为现在要想拯救和平，唯一可能的希望是波兰军队总司令斯米格威·雷兹元帅宣布愿意立即前来德国，作为军人也作为全权代表同戈林元帅就全部问题进行商讨。"

哈利法克斯对自己属下的忠诚表示赞赏，但对其提出的建议，则未置可否，或许他也不觉得这是一个解决目前问题的好办法吧。

12时20分，达勒鲁斯继续给英国外交部打电话。在电话中，他再一次谴责波兰人，指出波兰军队炸毁了德却奥桥，破坏了和平。同时，他向接电话的外交部常务次官卡多根提议，让他去趟伦敦。当卡多根告诉他现在任何外交行动都无济于事时，达勒鲁斯还是极力要求卡多根直接转达内阁，让内阁决定。结束通话时，达勒鲁斯还不忘傲慢地提醒卡多根："我一个小时后还要打电话来！"

下午，达勒鲁斯第三次打电话给英国外交部。然而，这次得到的答复让他一片茫然，英国外交部答复他说："当德军还在侵略波兰的时候，任何调停的想法都是天方夜谭。现在要避免一次世界大战的唯一途径是停止敌对行动，德军立即撤出波兰。"

美国战地记者威廉·夏伊勒这样评价达勒鲁斯："虽然他争取和平的努力出于好意，但他实在太天真了。想当一个外交家，更是幼稚得惊人。几年后的纽伦堡审讯中，在大卫·马克斯韦尔·费夫的多次盘问下，这个瑞典业余外交家终于痛苦地承认自己上了戈林和希特勒的当。"

21时30分，英国驻德大使汉德逊会见了德国外交部长里宾特洛甫，将英国政府的一份正式照会递交给他。照会的内容是在上午举行的内阁会议上讨论通过的。上午11时30分，英国内阁召开紧急会议，中心议题是目前的局势和履行对波兰的保证。下午 4 时 30 分，英国和法国取得一致意见后，作出了对于波兰履行原定义务的最后决定。随后，英法两国政府指示各自的驻德大使约见德国外交部长，将一份照会递交给德国政府。照会的内容是英法两国商定的，其主要内容为，除非德国政府给予令人满意的保证，证明它已停止一切侵略波兰的行动，并准备迅速从波兰撤出军队，否则英法两国将毫不迟疑地履行其对波兰的义务。

里宾特洛甫分别会见英法两国大使。会见时，里宾特洛甫对于英法的照会没有做任何评论，只是重申了希特勒和戈林等人反复宣扬的观点：犯了侵略罪行的不是德国，而是波兰。长期以来，波兰人一直在向德国人挑衅，他们首先进行了全国总动员，更加可恶的是在昨夜侵犯了德国的领土。

会见结束时，里宾特洛甫不忘彬彬有礼地对英法两国大使说："我一定会把贵国政府的声明呈送总理。"这就是说，让德国外交部立刻答复是不可能的。

至此，战争爆发的第一天外交家们的活动才告一段落。

◎ 大战全面爆发

9月2日上午，意大利驻德大使急匆匆来到德国外交部，向国务秘书魏茨泽克递交了一份文件。其主要内容如下：

意大利政府希望通知贵国政府，我们依然有可能促使英国、法国和波兰政府同意在下列提议的基础上同德国举行一次谈判。这些提议仅供参考，如何抉择当由元首决定。

1. 双方军队原地停火。

2. 两三天内举行谈判。

3. 解决德波两国争端。按照目前的局势，结果肯定会对贵国有利。这个提议本来是领袖（编者注：领袖指墨索里尼）提出的，目前已得到法国支持。

贵国已经拥有但泽，且贵国还取得了实现其大部分条件的可靠保证。另外，贵国也得到了"道义上的满足"。贵国如果接受我们的提议举行谈判，就有可能达到所有目的，同时还避免了一场战争，而这场战争就目前看来就很可能发展成为全面的长期的战争。

领袖并不想坚持自己的主张，不过他认为将上述情况通知冯·里宾特洛甫先生和元首是非常重要的。

以上是意大利的墨索里尼政府以德国盟友的身份受法国政府委托，对德波战争作出的最后调停。狡猾的里宾特洛甫看到墨索里尼的提议后，立刻将问题抛了回去。他告诉神色匆匆的意大利大使："领袖的建议跟昨天英国和法国递交给我们的照会是不协调的，昨天的照会显然是一种警告，好像是对我们的最后通牒，而现在领袖在提议中提到可以使英法和波兰同我国举行一次会谈。对于这种前后矛盾的说法，不知贵国政府作何解释？"

意大利大使郑重其事地对里宾特洛甫撒谎："英国和法国昨天的声明已经取消，以领袖的这个提议为准。"为了使里宾特洛甫深信不疑，他还做出进一步解释："齐亚诺伯爵的电话是在今晨 8 时 30 分打来的，这是在我国电台公布两国声明以后的事。由此可见，英法两国照会必然已被视为取消了。伯爵还说，法国特别赞成领袖的建议。目前推动这件事的是法国，不过英国也会跟着动起来。"

里宾特洛甫是何等的精明，他才不会轻易相信意大利大使所说的话。他再次告诉意大利大使："在这次会谈前，我同元首讨论过墨索里尼先生的建议，元首很想知道英法照会是不是最后通牒。"

意大利大使当即表示愿意亲自到英国和法国大使馆问一下情况，把这件事弄清楚。里宾特洛甫没有被意大利大使的热情所打动，冷冷地说："我国必然要拒绝英法的照会，不过元首正在研究墨索里尼先生的提议。若证实英法照会不是最后通牒，那么元首将会在一两天内给予答复。"

在意大利大使的一再要求下，里宾特洛甫表示，最快在明天中午给予答复。事实上，希特勒并没有在3日中午答复墨索里尼，而是在晚上乘"亚美利加号"元首专列离开柏林时才给予答复的。

9月2日，德军出动几十架轰炸机，轰炸停在海尔基地的波兰军舰，炸伤1艘扫雷舰。

为了躲避德军的轰炸，同时保护战争物资的海上运输，波兰"旋风号"驱逐舰和1艘扫雷舰奉命迎接向波兰驶来的商船。深夜，两舰秘密离开格丁尼亚港，来到海尔基地。

9月3日清晨，德军"马斯号"和"岑克号"驱逐舰驶离皮劳港，向海尔驶去，前去支援陆军。德军这两艘驱逐舰在距离18500米的地方用10门127毫米炮轰击了停在海尔基地的波军"旋风号"驱逐舰和扫雷舰。"旋风号"的4门130毫米炮和扫雷舰上的6门120毫米炮进行了英勇还击。

波军扫雷舰中弹两发，11人阵亡。随后，海尔基地的波军用152毫米要塞炮开始轰击德国军舰。德军"马斯号"驱逐舰被炮弹击中，4人阵亡，19人受伤。7时，德军两艘驱逐舰撤退，"岑克号"回到皮劳港，"马斯号"被拖到但泽港。很快，德军几十架飞机飞临海尔基地上空实施轰炸。波军扫雷舰再次中弹，燃起大火。午后，扫雷舰在海尔半岛的浅水滩搁浅沉没。下午，德军发动了又一波空袭。波军"旋风号"驱逐舰不断中弹，随着阵阵巨大的爆炸声，该舰沉没，水兵们纷纷向岸上游去。

德军飞机不断地向水中的波兰水兵扫射，又有一艘扫雷舰被炸沉。不久，德军再一次发动了空袭，又炸沉了一艘炮舰。晚上，波兰海军水兵游到军舰上，将所有能用的武器拆了下来，拆下三座120毫米炮、4门75毫米炮和大量机枪，将这些武器装备到海尔要塞。水兵们转移到陆地，继续抵抗。

在但泽，波军被大量德军包围在市区和奥克西维耶海军基地，一列波兰装甲列车顺着市区外环铁路行进并攻击德军。至9月27日，华沙沦陷的消息传来，但泽只剩下由上岸海军水兵组成的一个排，于是便投降了德军。

这一天，德国的陆军同样进展神速。古德里安指挥的第十九装甲军的第三装甲师和第二摩托化步兵师推进到维斯瓦河一线，第二十三步兵师随后快速跟上，填补了进攻间隙。南方集团军群的攻势也获得了很大进展，已经强渡瓦尔塔河成功。李斯特的集团军从两翼夹攻克拉科夫，波军被迫撤到尼达河与杜纳耶茨河防线。

9月3日上午，德国外交部以里宾特洛甫的名义向各驻外使团发出一份通报。通报说："德意关系的政策是建立在元首与领袖（意大利）之间完全而又明确的协议之上的。……对于意大利的态度不应妄加评论……"

9时，英国向德国发出最后通牒，要求德国在11时前停止战争，否则将对德宣战。希特勒的高级翻译施密特曾经详细而生动地记述了英法两国向德国递交最后通牒的过程及希特勒的态度，实录如下：

午夜过后，英国大使馆打来电话，说汉德逊先生接到伦敦方面的指示要他9时转达英国政府一份文件。汉德逊先生请求9时到外交部会见里宾特洛甫。这个文件肯定没有德国能接受的内容，极有可能是一份最后通牒，里宾特洛甫自然不想和英国大使见面。我当时就站在里宾特洛甫身边。

"你代表我接见一下这位大使，"他对我说，"问一下英国人，这样做是否合适，你就说外交部长那个时候没空。"英国人同意了。就这样，我奉命在早上，也就是5个小时后，接见汉德逊，这是凌晨4点钟的事。

9月3日，是个星期天，由于这段时间工作繁忙，身心劳累，我醒得有些晚，起床后，叫了一辆出租车匆匆赶往外交部。当车子穿过魏玛宫时，我看到汉德逊先生刚刚进入大楼。于是，我从侧门进去，这样就能早一点儿来到里宾特洛甫的办公室等待这位英国大使先生。9点整，值班人员高喊汉德逊先生到。大使先生进来时，表情严肃，和我握了握手。我请他坐下，他谢绝了，只是庄严地站在办公室中间。

"奉政府之命，我遗憾地向你递交致德国政府的最后通牒。"汉德逊先生表情严肃地说。随后，他宣读了英国政府的最后通牒。我们两人面对面站在办公室中央。他面无表情地说："要求立即答复本政府9月1日的警告已于24小时前就已提出，然而至今未见答复。相反，贵国军队却在加紧进攻波兰。鉴于此，在英国夏季时间今天上午11时前，如果大不列颠政府仍未接到贵国政府令人满意的答复，即停止对波兰的一切战争行动并将贵国军队从波兰撤出，那么从那一时刻起，大不列颠与贵国将处于战争状态。"

读完后，汉德逊先生把最后通牒文本交给我。告别时，他说，"非常抱歉，我不得不将这样一份文件交给您，因为我们一直希望得到您的帮助"。

我也向这位英国大使先生表示遗憾，说了几句安慰的话。对这位英国大使，我一直非常敬重。之后，我拿着最后通牒来到总理府，所有的人在等着我。内阁大多数阁员和党内高级官员聚集在希特勒办公室外面的房间。这些人将我团团围住，一下子挡住了通往希特勒办公室的路。

"什么消息？"他们焦急地问。我只回答，"课不上了"。

当我来到里面房间时，希特勒坐在办公桌前，里宾特洛甫站在窗户旁边。两人以期待的目光看着我走了进来。我在希特勒办公桌前不远的地方停下，然后缓慢地向他翻译了英国政府的最后通牒。我译完后，办公室里死一样的沉默。

希特勒坐着一动不动，两只眼睛直视前方，并没有像人们说的那样，不知所措，更没有大发雷霆。他就那样一声不吭，雕像般坐着。

时间仿佛凝固了。好长一段沉默后，希特勒才转过脸朝站在窗边的里宾特洛甫说："怎么办？"说这话时，希特勒摆出一副凶相，好像是在抱怨他的外交部长使他对英国方面作出了错误的预估。

里宾特洛甫云淡风轻地说："我敢断定，法国人会在1个小时内送来一份相似的最后通牒。"

完成任务后，我退了出来，对在外间围住我追问的人说："英国人向我递交了最后通牒。两小时内，英德两国就处于战争状态了。"大家听我这么一说，突然安静下来，一片沉寂。

戈林转过身来对我说："假如我们在这场战争中打败了，就只能靠上帝大发慈悲了。"

戈培尔垂头丧气地独自站在一个角落里发呆。房间里每一个人，即便为数不多的党内官员都是忧心忡忡的样子。

　　果然不出所料，法国大使考伦德雷隔不久就向里宾特洛甫递交了一份内容相同的最后通牒，要求在17时前给予答复。

英法对德宣战

　　希特勒对英法两国的最后通牒置之不理，英法被迫对德宣战。同一天，印度、澳大利亚和新西兰也向德国宣战。

　　第二次世界大战全面爆发了。

◎ 袒露野心

在英法对德宣战后，大洋彼岸的美国总统罗斯福就德波战争发表了著名的"炉边谈话"。他号召全体美国人民团结起来，"在此特殊时刻，请允许我提出直率的请示，暂时停止内部斗争，将国家统一的念头视为一切想法的基础"。就在罗斯福发表"炉边谈话"的时候，英国"雅典娜号"邮轮在大西洋海域被德国的鱼雷击沉，船上28个美国人丧生，这或许刚好证实了罗斯福的那句话"通过广播传来的每句话，在海上航行的每艘船，正在发生的每次战斗，跟美国的未来息息相关"。

中午时分，70岁的英国首相张伯伦在下院发表演讲，他说："今天是一个令人痛心的日子，但是没有人比我更为痛心。我在担任公职的一生中，我所信仰的一切，我所为之工作的一切，都已毁于一旦。现在，我唯一能做的就是：鞠躬尽瘁，使我们付出重大代价的事业取得胜利……我相信，我一定会看到希特勒法西斯主义毁灭和欧洲获得解放的那一天。"很不幸，这位老首相于 1940 年离开了人世，最终还真的没有看到希特勒自杀的那一天。

美国总统罗斯福发表著名的"炉边谈话"

　　德国与英国政府最后一次接触是里宾特洛甫召见英国大使汉德逊，并交给了他一份长长的照会。照会开头写道："德意志第三帝国和德国人民拒绝收下或接受，更谈不上履行英国政府提出的最后通牒性质的要求。"

　　德国想把发动战争的责任推给英国，照会最后称德国政府拒绝"撤回它为保卫德意志帝国而集合起来的军队"。从此，法西斯德国和英法两国彻底断绝了外交关系。

　　在英法两国对德国宣战的同一时刻，希特勒签发了第 2 号作战指令。第 2 号作战指令主要是针对英法两国的，原文如下：

国防军最高司令　柏林

国防军统帅部 / 指挥参谋部 / 国防处一组　1939 年 9 月 3 日

1939 年第 175 号绝密文件

仅传达到军官

第 2 号作战指令

英国政府对我国宣战后，其海军部于 1939 年 9 月 3 日 11 时 17 分下达了对我国采取敌对行动的命令。随后，法国政府也宣布，从 1939 年 9 月 3 日 17 时起同我国处于战争状态。

当前，我们的目标仍然是快速取得对波兰作战行动的胜利。至于将重要兵力从东线调往西线一事，须由我最终决定。

依据 1 号作战指令拟定的西线作战原则仍然有效。在英国政府宣布对我国采取敌对行动和法国政府宣布与我国处于战争状态后，我军也相应作出如下安排。

1. 针对英国方面

海军

可以实施攻击行动，也可以由潜艇依据《捕获法》组织经济战。

准备采取包括宣布危险区在内的激化措施。

激化措施必须经过我的批准，方能付诸行动。

用水雷封锁波罗的海通道，切记不要侵犯中立国领海。

在北海，为防御和进攻英国事先制定的封锁措施，必须付诸行动。

空军

对港口和公海（包括海峡）上的英国海军力量及其确切的运兵船只，

可以采取攻击行动。但是前提条件为：待非常有利的机会出现后，即英国对同类目标率先采取了空中攻击。

以上规定照样适用于海军航空兵部队。

关于攻击英国本土和商船一事，须由我最终决定。

2. 针对法国方面

陆军

西线陆军应让敌方先开第一枪。关于抽调机动兵力加强西线陆军一事，由陆军总司令负责。

海军

敌不动我亦不动，如果法国率先对我采取敌对行动，则可对其发动迅猛攻击。此种情景一旦出现，对付英国的命令同样适用于法国。

空军

一旦法国攻击我国领土，即可对其实施猛烈打击。为此，应遵循如下的原则：避免由我方采取的措施而导致爆发空战。

西线空军的作战原则：打垮波兰后，仍然有力量同英法等国进行决战。

国防军统帅部 1939 年 8 月 25 日下达的 X-命令（指参谋部／国防处 1939 年第 2100 号绝密文件），自 1939 年 9 月 3 日始对整个国防军有效。

国家经济进入战时轨道。

民政部门进一步的动员措施，由国防军统帅部根据帝国各最高当局的建议制定。

签字　阿道夫·希特勒

附：关于第 2 号作战指令第四条（X-命令）的说明

根据国防军统帅部／指挥参谋部／国防处 1939 年第 2100 号文件，即 1939 年 8 月 25 日下达的 X- 命令（决定进行局部动员，力求避免宣布战争状态），国防军统帅部国防经济参谋部在同一天向所属机构下达了一份文件（国防军统帅部／国防经济参谋部／军备处一科第 2058 号文件，机密，受托人门德森·伯尔肯签字），文件的以下条款摘录自国防军统帅部的命令，传达到帝国各最高当局和国防军各军种。

1. 元首兼帝国总理已下令对国防军主力部队进行秘密动员（X- 方案）。根据领袖命令，将对一部分党卫队常备预备役部队进行动员并将其编入陆军部队。

第 1 个 X- 日是 1939 年 8 月 26 日。

同一天，领袖已授权陆军总司令在"东线"和"西线"的陆军作战区域内行使行政权。越过帝国东部边界后，作战区域将随着部队的推进向东延伸。

另外，对斯洛伐克执行特殊规定。

2. X- 方案并不涉及所有民事部门，只是要求将这样一些措施付诸实施。这些措施对保证国防军的动员和保持我方的工作效率至关重要，然而直到现在还没有被作为预先措施付诸行动。

3. 所有行动和要求必须以法律为依据。根据 1938 年 9 月 4 日通过的《帝国防御法》，防御状态或战争状态不予宣布。

4. 征召替补人员。目前，所有需要人员的单位必须设法依靠现有人员做好工作。

……

14. 经济

所有措施必须服务于这样一个目的；在最大限度地保护整个经济的情况下，使"经济和 4 年计划"全权代表（赫尔曼·戈林）与国防军统帅部之间确定的企业集团中的重要成员的供货能力（生产能力）和食品经济能达到 X- 方案规定的水平。

……

20. 此命令只许摘要传达。

3 日晚，希特勒将办公地点从柏林的帝国总理府移到了"亚美利加号"元首专列上，他要乘专列到前线视察，在专列上处理前线的战事。在离开柏林前，希特勒给他的盟友墨索里尼发去一封信，他在信中露骨地向墨索里尼表白了他的野心。

领袖：

首先，我由衷地感谢您为调停做的最后努力。其实，我是很愿意接受调停的，不过有一个条件，即必须保证谈判一定获得成功，因为我国军队浴血奋战了两天，在波兰境内进展神速。不能因为我们的一场外交谈判而让牺牲将士的鲜血白流。

尽管这样，我依然相信，英国假如不是从一开始就决心诉诸战争的话，是可以找到一条和平之路的。领袖，我之所以没有屈服于英国的压力，是因为我始终认为，就算我屈服了，和平也只能维持 6 个月，最多超不过 1 年。鉴于此，我认为即便面临种种困难，至少在当前看来仍然是冒险一战的好时机。

波军很快就会崩溃，倘若一年或两年后再付诸武力，能否取得如此神速的战绩，我深表怀疑。须知，今后英法两国会继续支援其同盟国，这样的话，我军将很难取得如此显著的战绩。领袖，我必胜的信念从来没有动摇过。

领袖，承蒙您的厚意，甘愿在一些方面给我以帮助。面对如此盛情，我谨向您致以诚挚的谢意。当然，我相信，就算我们当前的道路不同，命运也会把我们联结在一起的。如果国家社会主义的德国为西方民主国家所灭，您及您领导下的意大利也会遇到麻烦。我一直觉得，我们两国的命运是连在一起的，而且我还知道您，领袖，一定也持有同样的想法。

我们在西线会继续采取防御策略，等着法国人先开第一枪。一旦法国首开战端，我们将倾举国之力与之对抗。

领袖，对于您过去给予我们的帮助，我再次向您表示感谢，并希望您继续支持我们。

阿道夫·希特勒

希特勒的这封信是以电报的形式于 20 时 51 分发出的。信发出 9 分钟后，元首专列驶出柏林火车站。希特勒乘坐的元首专列是由两个火车头牵引的超长列车，共有 15 节客车车厢，前后各配备 1 节装甲火车车厢，车上载有 20 毫米的高射炮，同时专列装备了当时最先进的通信设备和其他技术设施。车头方向是希特勒的寝车和工作车，它们紧挨着高射炮车厢，这样可以确保希特勒的绝对安全。

◎ 奇怪的战争

9 月 4 日清晨，英国政府宣布：本国横渡大西洋的邮轮"雅典娜号"于 3 日晚在赫布里底群岛附近海域，被德国潜艇的鱼雷击沉，112 人丧生，其中包括 28 位美国公民。

希特勒收到这个消息后，大发雷霆，命令海军总司令雷德尔和潜艇司令邓尼茨彻查此事。希特勒在 1 号作战指令中，明确要求国防军对英法的军事行动，只有他才有权下达进攻命令，甚至连海军将哪些海域宣布为危险区以及危险区的范围有多大，最终也要由他批准后方可实施。如今，海军无视指令私自行动，虽然行动成功，但这种违反军令的行为无疑是在挑战希特勒的权威，这是绝对不能容忍的。

雷德尔和邓尼茨前往出事地点调查后，向希特勒作出保证：我们的潜艇根本不可能靠近事发地点，而且在任何情况下，海军部队都恪守元首的命令，没有攻打英国船只。

希特勒相信了他的将领，认为这是英国人制造的一次阴谋，确切地说是英国海军大臣丘吉尔在戏弄他。希特勒分析，丘吉尔刚上任几个月，想制造一个轰动世界的事件以引起国际社会的关注，特别是跟美国人有关的事件，于是他下令击沉了自己的邮轮，想以此来激怒美国政府和民众。对此，希特勒大骂英国人，大骂丘吉尔，从此更加深了对英国人的仇恨。

　　可是，真相到底是什么？二战结束后，在纽伦堡军事法庭上，纳粹德国海军总司令邓尼茨向世人说出了事件的真相：

　　当那艘潜艇正要入港时，我在威廉港的水闸边见到了舰长兰普少校。他想和我单独谈谈，我立刻注意到他那副闷闷不乐的神情。他告诉我，在北部海峡海面击沉了"雅典娜号"邮轮。按照我当初的指示，他当时在对不列颠群岛的航线入口处对可能出现的武装商船进行严密监视，他用鱼雷击沉了一艘船。事后，从无线电广播中才知道这艘船正是"雅典娜号"，当时他还当它是一艘正在巡逻的武装商船。

　　我立刻派兰普坐飞机到柏林向海军作战参谋部当面汇报。同时，我采取临时措施，并命令严守秘密。当天深夜，不确切地说应该是次日凌晨，我收到海军上校弗里克转来的命令：1.该事件一定要彻底保密；2.海军总司令部认为没有召开军事法庭的必要，因为司令部已经查明，该舰长的这一行动不是有意的；3.政治上的解释由海军总司令部处理。

　　至于元首否认德国潜艇击沉"雅典娜号"邮轮的政治宣传活动，我从来没有参与。

9月4日8时，元首专列停靠在波美拉尼亚火车站。前来迎接希特勒的是北方集团军群总司令费多尔·冯·博克。博克和大本营卫队长隆美尔一起向希特勒汇报了前线的战况。汇报结束后，两人陪同希特勒全面巡视了战区。

　　德军突破波军防线后，每天以50—60公里的速度向波兰腹地突进，这是人类战争史上第一次机械化部队大进军。龙德施泰特的南方集团军群以赖歇瑙的第十集团军为中路主力，以李斯特的第十四集团军为右翼，以布拉斯科维茨的第八集团军为左翼，从西面和西南面向维斯瓦河中游挺进；博克的北方集团军群以克鲁格的第四集团军为主力向东直插波兰走廊，以屈希勒尔的第三集团军从东普鲁士向南直扑华沙和华沙后方的布格河。

德国坦克开进波兰

　　这是人类战争史上空前规模的机械化部队大狂飙。德军闪电式的进攻速度将波军打得蒙头转向，陷入被动挨打的境地。波兰成为全世界第一个领教"闪击战"的国家。

波军以为战争会像以往那样缓慢展开：敌军先以轻骑兵进行前卫活动，然后用重骑兵发起冲击。德军大量使用坦克和航空兵的"闪击战"显然超出了波兰军队的想象。英国军事理论家利德尔·哈特指出："可以毫不夸张地说，波兰军队的思想落后了80年。"

尽管如此，战前波兰军队对自己的军事力量仍自信不疑，并指望英法两国能够给予援助。波军全部部署在德波边境，以为只要进行顽强反击，终将取得胜利。这种毫无弹性的军事部署，在德军高速度大纵深的推进下不是被歼灭就是被分割包围，成为留在德军后面的孤军，进而迅速导致波兰抵抗土崩瓦解。

这个时候，英法两国军队尽管在德军西线陈兵百万，却按兵不动，宣而不战。9月4日，德军上校伏尔曼在日记中写道："据说法国在萨尔布吕肯挂出一面旗，上面写着'我们决不开第一枪'。"6日，伏尔曼向希特勒汇报西线战况时，说西方"虚张声势的恫吓战还在继续"。听了伏尔曼的汇报后，希特勒先是以怀疑的眼神凝视着伏尔曼，接着便满意地微笑着，双手抓住伏尔曼的一只手，使劲握了握，没有说一句话就离开了元首专列的指挥车厢。

当晚，伏尔曼又写道："截至目前，西方前线一枪也没有打响。双方只用高音喇叭互相喊叫，一方企图让另一方明白，他们的行动是怎样的徒劳无益，他们的政府是怎样的愚不可及。"

英国军史专家富勒指出："当波兰正被消灭之时，西线发生了一场令人不解的冲突，被称为'奇怪的战争'，还有一个更好的名称'静坐战'……世界上最强大的法国陆军，对峙的不过是26个德国师，却躲在钢筋水泥工事后面静静地坐着，眼看着一个堂吉诃德式的英勇的盟国被希特勒消灭了。"

绝境中的波兰人不断向盟国求救，而且这种求救的呼声从 9 月 1 日战争爆发后就没有停止过。法军总司令甘末林致电波兰军队总司令，请他信任他的友谊，并说，他们将在 9 月 4 日在陆上开始战斗行动。

甘末林的电报使波兰统帅部相信，盟国的支援一定能在根本上扭转目前的紧张局势。波兰人热切期盼着盟国承诺的担保能够不折不扣地如期实现，然而他们想得太天真了。英法两国政府对波兰人的同情毫不吝啬，慷慨地提出建议，却以种种借口按兵不动。

在这场"奇怪的战争"中，敌我双方近在咫尺，却没有任何开枪射击的命令。甘末林说："向还在干活的德国人开火吗？德国人也只能以开火来回答我们！"

如此一来，西线的形势就有了一些喜剧的味道，莱茵河两岸的德法两国士兵隔河相望，彼此看得非常清楚。双方士兵在野战工事或炮兵掩体里干活，不时地停下来"欣赏"一下河对岸敌人的行动。

德军每天用高音喇叭和巨幅标语进行宣传，法国阵地也会不时升起一块粗布做成的表示同意的标语牌。在一些地方，士兵们还会秘密地进行食品交换，法国人拿出葡萄酒，德国人则拿出啤酒。

为防止士兵太过无聊，法国政府还给前线设立了军队娱乐服务处，增拨文娱器材，增加酒类供给，并给士兵们送去 1 万多个足球。巴黎的歌舞明星们频繁活跃在前线。

法国的这道防线就是"威名赫赫"的马奇诺防线，而这个时候的马奇诺防线俨然成了一座热闹的娱乐场。面对德军的炮口，法军官兵看着电影，踢着球，唱着歌，慢悠悠地消磨着悠闲的战地时光。德法两军尽管对战争的理解不同，但对足球的理解却是一致的。法国士兵踢球时的精彩动作有时会得到河对岸德军的大声喝彩。法军官兵高唱"我们要到齐格菲防线去晒衬衣"的流行歌曲，而德国人也不失时机地幽默一下，冲着扩音器回应道："英国人是叫法国人打到最后一个人吧！"

德国宣传部长戈培尔指示，向真空地段法军官兵高声致以友好的问候，并让德国士兵与法国士兵进行兄弟般的交谈。宣传队用大喇叭广播新闻和消息，以证明德国与法国不是敌人，而是朋友。

夜幕降临后，德军开始向马奇诺防线的法军播放缠绵的法国歌曲。每当节目结束时，德国广播员会说："晚安，我亲爱的敌人，和你们一样，我们也不喜欢战争。谁该负责呢？不是你们，当然也不是我们。我们为什么要互相射击呢？又一天结束了，大家又能睡个好觉了。"

到节目的最后，广播员还会送出一首轻柔的催眠曲。

为涣散法军官兵的士气，德军投下了上百万个赭色的"秋叶"，上边印着戈培尔的名言："秋天，叶在落。我们也和叶子一样要落了。叶枯死了，这是上帝的安排。待到来年春天，有谁会记起这片枯叶，又有谁会记起倒下的法国士兵呢？而生命在墓地上犹存。"

一位法国士兵回忆说，当时曾有一支德国宣传部队在前线竖起大牌子，他们大声喊：

"北方各省的士兵们（法国士兵），英国大兵正在和你们的妻子睡觉，他们正在强奸你们的女儿！"而法军的回应是："我们是南方人，我们也不想打仗。"

法军有一门75毫米口径的大炮，炮口傲然指向天空，对运送军火的德军视而不见。据法国逃兵讲，前线指挥官不许哨兵往枪膛里装子弹。

英法联军与德军的兵力相比，处于绝对优势，却是按兵不动。直到9月7日至8日晚，甘末林才虚张声势地让法军士兵沿着萨尔布吕肯东南的"卡登布伦"突出部，在一条24公里长的战线上越过边界，结果法军没有遇到什么抵抗，只有一些轻微的接触。几天时间，法军小心翼翼地推进了8公里，占领了萨尔布吕肯西南的文特森林，以及20多个空无一人的村庄。至此，法军连小心谨慎的脚步都不愿继续向前迈进了。

法军总司令甘末林命令部队停止前进，一旦德军进攻比利时，法军便退回到马奇诺防线的工事里去。后来，甘末林将军说，萨尔出击只是一个小小的试验，一个把戏而已，不过是装装样子，摆出对波兰援助的姿态。

9月12日，甘末林下达密令，命令部队停止一切进攻，转入战略防守，并于10月4日全部撤离。法国害怕德军即将发动的大规模攻势，却在10月14日发出一道故弄玄虚的"命令"，慷慨激昂地号召法军："磨砺你们的意志！充分使用你们的武器！记住马恩河和凡尔登！"

停止进攻这样重大的命令不可能是甘末林一个人的决断，这个决定其实是在命令下达当天举行的盟国最高军事会议第一次会议上作出的。事后，一位法国历史学家说："1939年9月12日，盟国最高军事会议在阿布维尔作出的决定不仅是自食其言，而且是地地道道的不战而降。英吉利海峡两边那些在英法联盟中指导战争的人对此负同等责任。"更令人失望的是，盟军对波兰政府隐瞒了这件事，甚至公然欺骗波兰领导人。

9月14日，甘末林向波兰驻法军事代表团团长表示："盟国最高军事会议的最近这次会议确定，法英两国决心保证尽一切可能援助波兰。援助的方式在同英国盟友仔细分析总的形势之后已经共同商定。我可以向您保证，任何一种直接援助波兰及军队的时机都不会轻易放过。"

正如甘末林所料，德军开始反攻了，但是规模不大，甚至连小攻势都称不上。德军仅用两天时间，以很小的代价就把法军花两个星期占领的土地夺了回去。甘末林的假攻势严重削弱了法军的士气，法军从此按兵不动。法国政府跟甘末林一样，也认为"法国这时不应该承受对德国发动攻势的全部重任，决定等到春天或夏天再在法国战线有所作为"。

此时，德军的头脑却是清醒的。他们认为，德波战争期间，英法没有在西线对他们发动进攻，是最大的失策，错过了千载难逢的良机。德国陆军总参谋长哈尔德说："只有完全不顾我们的西部边境，我们才有可能在对波兰的进攻中取得胜利。如果法国人利用我们几乎全部兵力都牵制在波兰前线这个机会，本来能够在我们无从防备的情况下渡过莱茵河，而且威胁到鲁尔，在这个地区对德国进行战争具有决定意义。"

德军最高统帅部作战部长约德尔心有余悸地说："如果说我们在 1939 年没有崩溃，那是由于在波兰战役中西线的法国和英国的大约 110 个师没有用来同德国的 23 个师作战。"

德军武装力量总参谋长凯特尔说："一旦法国发动进攻，那么他们所遇到的将只会是德国的一道军事纸屏，而不是真正的防御。"

西线除萨尔和洛林边境上发生过巡逻队的几次冲突外，几乎听不到任何枪声。最初的"战争"是在 1939 年 12 月 9 日，联军有了第一次伤亡——一名英国巡逻班长被流弹击中致死，打破了西线无伤亡的"伟大记录"。

在德国的西线，占绝对优势的英法军队本可以对德国采取果断的打击行动，要知道德波开战的第一天，德军能够抵抗英法联军的只有 C 集团军群的 31 个师。在英法对德宣战后，德国才不得不调来若干师加强西线，而这种调动是需要时间的。直到 9 月 10 日，德军在西线的兵力也就区区 43 个师，而在这个 43 个师中，只有 11 个师具有战斗力，其他师都是临时拼凑起来的新编师，而且其中一部分还在开拔中。

英法方面尤其是法国方面，他们做了充分的准备。步兵方面，法国在德波战争爆发前就已经开始秘密动员，到 9 月 10 日，法国已经在法德前线集结了 90 个兵团。法国的炮兵和坦克数量远远超过德国，当时德军在西线的火炮不到 300 门，法国则高达 1600 门，是德国的 5 倍多；德军的坦克都被调往波兰前线，而法国在西线集结了 2000 辆坦克。空军方面，英法也占有绝对优势，英国当时派出了 1500 架作战飞机，其中 1144 架轰炸机，法国的作战飞机也不下 1400 架，而德军统帅部此时将空军力量全部投入到波兰战场。

西线的英法盟军虽然在兵力上占绝对优势，但是他们放弃了打击德国的机会，放弃了锻炼自己军队的机会。他们只是无动于衷地躲在坚固的防御工事里静静地等待德国把波兰一口一口地吃掉。法国学者博弗尔将军对此事曾做过如下评论："如果盟国发动进攻，便会对战争后来的进程产生影响。我们可以使自己的军队获得战斗经验，改组自己的最高统帅部，检验我们的作战观点……如果这样做，1940 年跟德国交战时，我方就会有更多的王牌可以打出去。"

从 1939 年 9 月至 1940 年 4 月，从波兰灭亡到德国闪击北欧，英法两国和德国在西线持续了 8 个月的"无战争状态"或"假战争"或"静坐战争"。这场"奇怪的战争"显然是英法推行绥靖政策的恶果，是对波兰等小国利益

阻击登陆的英法联军

这场"奇怪的战争"显然是英法推行绥靖政策的恶果，是对波兰等小国利益的背叛。英法两国政府缺乏果敢的气魄，也没有真正打仗的意图。正是他们放纵了希特勒，让德军的力量和野心不断膨胀。德军在占领波兰后，纳粹德国的战车掉头西进，英法两国搬起石头砸了自己的脚，到底还是尝到了自己一手种下的恶果。

第五章　全面打击

　　德军正在库特诺附近集结兵力，波军面临被围歼的危险。库泽巴决定率领波军向东南方向突围。在突围过程中，德军步兵部队损失惨重，但是堵住了缺口，战斗异常惨烈。龙德施泰特和曼施坦因亲临前线指挥第八集团军阻击波军。

◎ 创造战争奇迹

波兰走廊，一条德国通向波兰首都华沙的战略交通要道。占领波兰走廊，华沙就失去了屏障，所以德军和波军注定将会在这里进行一场空前激烈的恶战。

在北方，德第三集团军向两个方向发动了攻击，所属第一军向南朝华沙方向猛攻，所属第二十一军向西南波兰走廊底部方向猛攻；德第四集团军所属的第十九军团在古德里安指挥下由西向东突击，从波麦腊尼亚进入波兰走廊。

第一场惨烈的战斗发生在曾贝堡以北、大克罗尼亚附近地区，德国战车与波军直接遭遇。波兰的战防炮命中了几辆德国战车，德国的1名军官、1个见习官和8名士兵当场阵亡。由党卫军和当地自卫队组成的埃伯哈德旅迅速占领除了城市北部的韦斯特普拉特要塞外的但泽。

德第四集团军穿越波兰走廊，进入较宽的底部，以便切断波军的撤退路线，同时与第三集团军会合。此时，第三集团军向南穿过波兰走廊正在向华沙方向突击。第三集团军在东普鲁士边界附近的马拉瓦遭遇波兰最坚固的防御工事，这是一些装备着反坦克武器的混凝土工事。第三集团军急功冒进，没有绕过该城市迂回攻击，而是妄想直接冲过去，不料遭到重创，进攻被迫停了下来。

德军占领华沙以后阅兵

在南方，担负主攻任务的是第十集团军，他们计划向东南直插华沙。第十集团军的左翼是第八集团军，向罗兹突击；右翼则是第十四集团军，沿着维斯瓦河向克拉科夫推进。这里，天气晴朗，德国空军给予地面部队很大的支持，装甲部队需要做的只是绕过波军要塞，继续前进，其余都交给了空军。经常出现这样的情况，德军坦克尚未抵达波军阵地，波军的防御就已经被德国空军彻底击溃。在德军发起"闪击战"的当天下午，第十集团军已经深入波兰24公里。克莱斯特的第二十二装甲军迅速突破了克罗伊茨堡以东的波兰防线。

在德军占领区，维持秩序的德国工作人员的工作也是闪电式的，边界自卫队和警察部队很快恢复了地方秩序，完全控制了占领区。北方德军第四集团军的先头装甲部队、古德里安的第十九装甲军的汽油和弹药竟然全部耗尽。在波军尚未发现这个惊人的秘密前，德国的支援纵队已经迅速跟进，使得德军的装甲战车重新启动。就这样，一队又一队的坦克在古德里安的指挥下，不停地突破波军阵地，向纵深挺进，很快对波兰走廊形成合围。

这时，第四集团军已经封住了波兰走廊的底部，完全包围了波麦腊尼亚军团的 2 个师和波莫尔斯卡骑兵旅。被包围的波军骑兵试图突围，以自杀的方式直接冲击德军坦克，结果自然以失败告终。

在马拉瓦受阻的第三军肯普夫装甲师重新部署，成功地从侧翼包抄到马拉瓦防线的南部。在此之前，德第三集团军的先头部队遭到了波兰莫德林军团的阻击。莫德林军团凭借坚固的防御阵地抵抗了 3 天，在德军突破城东的环形防御圈后，只好全线撤退。1 万多名波兰士兵未能及时撤退，成了德军战俘。这时，德军负责其他地区军事行动的军队也派给第三集团军。当这些德军向西进攻波兰走廊时，在维斯瓦河边的格罗坦兹遇到了波军的猛烈袭击，在向北突进的过程中，德斯查河附近的一座大桥又被波军拆毁。德军很快组织工程兵搭建浮桥。

古德里安在他的回忆录《闪击英雄》一书中记述了当时的情形："到 9 月 3 日，我们对敌人形成了合围，敌军被包围在希维兹以北和格劳顿兹以西的森林地带。波兰骑兵因为不懂得我们坦克的性能，结果遭受极大损失。有一个波兰炮兵团正向维斯托拉方向行动，途中被我们的坦克追上，并将其全歼。波兰的步兵也死伤惨重，一部分架桥纵队在撤退中被捕获，其余全被歼灭。"

在德军围歼波军的作战中，被围波军不了解德军的坦克性能。波兰骑兵蜂拥而上，用手中的马刀和长矛向德军的坦克发起猛攻。德军见状大吃一惊，但很快就清醒过来，毫不留情地用坦克炮和机枪向波军扫射，用履带碾压波军。

9月4日，波兰波莫瑞集团军的3个步兵师和1个骑兵旅被全部歼灭，而古德里安指挥的4个师仅战死150人，伤700人。8时，北方集团军群司令博克上将及时向希特勒汇报了战况。

9月5日，北方集团军群第四集团军和第三集团军在格鲁琼茨地区会师，切断了波兰走廊，波兰的波莫瑞集团军被合围。

至此，波兰走廊战役结束。

◎ 希特勒来了

9 月 5 日晚，波兰最高统帅部向全军下达训令：莫德林集团军和那累夫战役集群撤过华沙以北和东北的维斯瓦河和那累夫河，并可靠地掩护从西部向维斯瓦河和桑河撤退的部队的右翼；波兹南集团军和波莫瑞集团军的残部直接退至华沙，以便掩护华沙西面的接近地；罗兹集团军和普鲁士集团军的任务是向华沙以南的维斯瓦河撤退，克拉克夫集团军和喀尔巴阡集团军向桑河撤退。

波兰最高统帅部的战略意图很明显，他们企图建立新的防线，以便实施反突击。然而，事与愿违，这次反突击不仅指挥官手中兵力十分有限（仅 1 个步兵师和 1 个骑兵旅），并且组织得非常糟糕。结果，反突击变成了分散的反冲击，没有造成任何战略影响。

在波兰走廊战役结束前，希特勒来到第十九装甲军视察，军长古德里安加入陪同希特勒巡视的行列。希特勒等人沿着古德里安的部队几天前走过的路线巡视。路上，古德里安与希特勒谈及和波兰作战的经验。

当希特勒询问部队的伤亡情况时，古德里安回答："在过去的几天里，我们的 4 个师官兵阵亡 150 人，受伤 700 多人。"

听了古德里安的话，希特勒简直不敢相信这是真的，他说在第一次世界大战期间，他所在的团在第一次战斗中就死伤达 2000 多人。古德里安说："波兰人的勇敢和坚强是不可低估的，甚至是令人吃惊的，但在这次战役中我们的损失之所以这样小完全是由于我们的装甲部队发挥了巨大威力。"古德里安对装甲部队所下的结论给希特勒留下了深刻的印象。

当希特勒一行人来到维斯瓦河时，已经是傍晚了。河对面，显现出一个城镇的模糊轮廓。希特勒问道："那里是库尔姆吧？"

古德里安说："是的，那就是我的祖籍库尔姆。想当年大克罗尼亚曾有一块我祖父的菜地，我的曾祖父埋在那里，我父亲出生在那里，而我是第一次看到我的祖籍。"

古德里安的话令希特勒心神激荡，这些一战前属德国的土地终于又回到德国人的手中。希特勒感叹道，这应归功于"闪击战"的巨大威力啊。

可以毫不夸张地说，纳粹德国在二战初期战场上取得的一系列重大胜利，跟古德里安有着很大的关系。从当时的兵力和装备来讲，德国并不足以战胜任何一个欧洲强国，是因为古德里安成功地运用了坦克战的先进战法才使得德国能够取得一个个辉煌的胜利。就拿入侵波兰来说吧，在不到两个星期的时间里，古德里安和克莱斯特装甲军的高速前进使得战术落后的波兰人陷入重围，德国步兵部队的作用就是捕杀包围圈里的波军。

克莱斯特也是二战时期德军著名的将领，他出生于布劳恩费尔斯。高中毕业后，克莱斯特在野战炮兵第三团担任军官。1906年，他升任营副官，一年后升任团副官。1910年，克莱斯特考入军事学院。1914年，担任驻但泽近卫骠骑兵第一团的连长，参加过坦能堡会战。1916年，升任第十七军近卫骑兵师首席参谋官。1917年11月，参与指挥近卫骑兵师参加过兰斯、香比尼与马斯河等地的战斗。1922年起，克莱斯特在汉诺威的骑兵学校担任教官。1928年，担任驻布雷斯劳骑兵第二师参谋长。1931年，担任驻波茨坦步兵第九团团长，第二年担任骑兵第二师师长。1936年，升任驻布雷斯劳的第八军军长。1939—1940年，克莱斯特担任赖歇瑙的第十集团军第二十二装甲军军长。侵入波兰不久，克莱斯特的装甲部队就在拉多姆附近包围了波军，与古德里安的装甲部队会师。

希特勒所到之处受到各种各样的欢迎，古德里安后来在他的回忆录中这样写道："值得注意的是，当战争已成为历史后，老百姓从躲避的地方又都钻了出来，他们看到希特勒坐车经过，居然向他欢呼，并且给他献花。希维兹镇上悬挂上了我们的国旗。希特勒的战地访问对前线部队而言留下了良好的印象。不过当战争打下去之后，希特勒亲临前线的机会愈来愈少，而到了战争末期，他几乎就没再亲临前线。这样，他自然就和部队失去了接触，从此他对于前方官兵的成就和痛苦也很难真正理解。"

希特勒赞扬了一番前线部队后，黄昏时分回到他的"亚美利加号"元首专列。

在波兰走廊战役中，德军首次成功地实施"闪击战"，显示了坦克兵团在航空兵协同下实施大纵深快速突击的威力。当然，波兰的失败有很多原因，比如军事观念落后。二战爆发前，速射机枪、坦克、潜艇、航空母舰、无线电设备等一大批新式武器问世，战争进入机械化时代，而波军对此似乎一无所知。

令人痛心的是，波兰骑兵竟然不了解坦克的性能，以为坦克的装甲不过是些用锡板做成的伪装物。波兰骑兵尽管十分勇敢，如狂风般席卷而来，马蹄声、喊杀声响成一片，但在德军坦克部队的枪炮绞杀下，还是一排排地倒下去，连坦克的边都没碰到。面对英勇的波兰骑兵，坐在坦克里的德国士兵也不得不佩服起来。

二战时期，德国的装甲部队

"闪击战"是德军制胜的法宝，但太过迅速的推进对于德军来说并非好事。特别是在部队的军需补给上，部队面临很大压力。德国最高统帅部很快就认识到了这一点，迅速采取了新的战术。

北方集团军司令博克与陆军总司令布劳希奇元帅担心的是，如果装甲部队进展太快，一旦面临东西两线作战，补给就成了大问题。布劳希奇决定派古德里安的第十九装甲军深入东波兰，彻底消灭波军。南方集团军在战争开始的两三天内就已经突破了波军的警戒线。原先位于先头部队中间位置的第十集团军的机械化部队开始绕过坚固的防御地带和大批向华沙方向撤退的波兰步兵，全速前进。

在南方，德南方集团军在龙德施泰特的指挥下，从西南越过波兰平原，以每天不超过 16 公里的速度缓慢向华沙推进。第十四集团军主力向克拉科夫推进，与此同时其所属由斯洛伐克部队扩编的第二十二军穿过精锐的波兰山地团把守的通道，从南面向克拉科夫进攻。

在中部，德第十集团军第四装甲师已经冲破波军的顽强抵抗。在第十集团军的北方，第八集团军的 2 个步兵军正在向罗兹推进。

◎ 遭遇抵抗

德军进攻的速度令波军感到极度恐慌，因为德军坦克总能抢在波军溃败之前向纵深推进，而溃败的波军根本没有足够的时间来重新组织部队，有效的反击就更谈不上了。何况空中大批德军飞机呼啸着，炸弹如雨点般倾泻而下，炸散了他们刚刚组织好的编队。波兰总司令部很快便与直接控制的 7 个军团失去联系。

波兰总司令部原以为境内的多条大河可以减缓德军的进攻势头，没想到跟在德军坦克后面的工程兵同样具有闪电的速度，为德军特别是机械化部队的前进排除了一切障碍。那些德军工程兵几乎个个是造桥好手，波军刚刚炸毁一座桥梁，德军立即又搭建起一座浮桥。

有一名德军工程兵，名字叫作保罗·施特斯曼。每次部队需要渡河时，保罗·施特斯曼都要赶在先头部队到达前组织士兵架桥。要知道，这种工程往往是在敌人的炮火下进行的。

战后，保罗·施特斯曼编写的一本回忆战争的书中，记述了当时他们为军队搭建浮桥的情形。他在书中这样写道：

我们携带木材，乘坐橡皮艇前行，各种枪炮向我们袭来。我们向隐蔽在树林或村庄里残垣断壁后面的波兰军队射击时，感到十分恐惧。我们冲向河中央，用许多绳子捆住漂浮不定的树干和木排，搭建浮桥。这个时候，炸弹、枪炮激起的尘土在我们的头顶上飞扬。我们的步兵过河后，我们工兵部队还要为坦克搭建一座更结实的桥。当我们刚刚来到深水域的时候，一挺机关枪向我们猛烈开火，离我最近的一个人被打死了。我看见他掉进水里，漂向远处，但我无能为力。不一会儿，敌人的炮火开始减弱，我知道这一定是我们俯冲轰炸机的杰作。于是，我们继续架桥，最后终于建好了一座士兵可以通行的桥。我们刚放好最后一块木板，士兵们就冲上了桥，迅速过了河。就在这个时候，我朝四周一看，发现我们的指挥官和其他几个人都不见了，原来在搭桥过程中牺牲了。对我们这些战地工程兵来说，面对敌军的猛烈进攻，建造一座浮桥的难度是可想而知的。

9月6日，波军总司令斯米格威·雷兹元帅下令所有部队撤到维斯瓦河以东，组建维斯瓦河—桑河防线。波兰政府仓皇撤离华沙，迁往卢布林。德军冯·伏尔曼上校对希特勒说："接下来只不过是打一只兔子，从军事角度来看，战争已经结束。"

北方集团军群第四集团军第十九装甲军又成了进攻的先锋。在军长古德里安的指挥下，该装甲军在消灭了波莫瑞集团军后，渡过纳雷河，沿布格河东岸进发，矛头直指华沙。南方集团军群在宽大的正面战线上进行纵深奔袭。第十集团军、第十五摩托化军和第十六装甲军迅速击溃波兰罗兹集团军和克拉科夫集团军的防线，向纵深防线继续追击。

9月7日，龙德施泰特率南方集团军强渡皮利察河中游，先头部队抵达距华沙西南60公里处的托马舒夫－马佐维茨基和罗兹一带。第八集团军推进到瓦斯克、卡利什以北一带。龙德施泰特派第十集团军包围拉多姆附近的波兰军队。第十集团军司令赖歇瑙想摧毁德军主要目标——部署在华沙和达维斯托拉河之间的最后一支波军主力。

9月8日晚，德国装甲部队抵达华沙郊区，将溃败的波军主力拦在达维斯托拉河附近，使其无法进入华沙，并且沿河建立了严密的封锁线。第四、第十四和第十五集团军投入了此次战斗。波军英勇反抗，但在德国空军的强大火力掩护下，装备精良和训练有素的德军轻轻松松便击溃了波军。

9月9日，希特勒签发了第3号作战指令，开始考虑向西线调动兵力的问题。

国防军最高司令　柏林

国防军统帅部／指挥参谋部／国防处一组 1939 年 9 月 9 日

1939 年第 200 号绝密文件

仅传达到军官

第 3 号作战指令

继续以强大兵力同波兰陆、空军作战，直到波兰不再建立绵亘的防线来牵制德军的兵力为止。

如果认为东线陆军和空中攻击部队的部分兵力对于完成这种任务和保卫已占领地区来说已不再需要，那么可将其调往西线。

在波兰空军的作用不断被削弱的情况下，除了当前已采取的措施外，还可进一步抽调防空兵力对付我们的西方对手。

即使英国在海上和空中、法国在地面和空中小心翼翼地开始敌对行动后，只有我才有权作出以下批准：

1. 任何越过德国西部陆地边界的行动。

2. 任何飞越德国西部边界的行动，如果这些行动不是抗击敌人大规模空袭所必需的话。

3. 空军在德意志湾和西部水雷警戒区内攻击英军，以及直接支援海上作战行动。

4. 第2号作战指令第3条第1、2款对海军的规定仍然有效，禁止在海上发生针对法国的攻击行动。

签字　阿道夫·希特勒

9月10日，布祖腊战役激烈展开。波军想迫使德第八集团军败退，但波兰人面临着食品、军火和其他供给的严重短缺。一位参加过这次战役的波兰军官记述了当日他和他的士兵的战斗经历："马路上和建筑物的废墟里，到处是德国士兵的尸体。我命令士兵们搜查死去的士兵的裤兜，希望能找到我们急需的地图。最后，我们的搜查总算有所收获。我们在一名死去的德国军官口袋中找到了一张布罗卡—索哈切夫地区的军事地图。对我们来说，这是整个战争中最有价值的战利品了。"

波军在布祖腊河防线的反攻使德第八集团军非常被动,不过没有引起德军的恐慌。德第十集团军只得停止向华沙推进,准备向东进攻偷袭第八集团军的波军。

波军猛攻德第八集团军,使其被迫转入防御,并请求派一个装甲军前来增援。

9月11日,德第十集团军和从北方驰援的第十四集团军抽调兵力增援第八集团军。如此一来,第八集团军的兵力几乎增加了一倍。

在南方集团军群司令部,司令龙德施泰特和参谋长曼施坦因认为波军的进攻正好给德军提供一个难得的机会,即完成摧毁波军的计划。在库特诺市有大约17万人的波兰军队,若能将其包围,就能一举消灭超过三分之一的波兰武装力量。

南方集团军群需要重新部署,以应对波军的反攻。如何迅速调动、部署如此庞大的会战,是对德军高层参谋们的一次大考验。龙德施泰特不想继续派兵增援第八集团军,遂下令第八集团军原地牵制波军,同时命令华沙南边的第十六装甲军与第十军从东面攻击华沙城外的波军,逐渐形成合围之势。

德第十四集团军强渡桑河,向东进攻,于9月16日到达俄罗斯拉瓦、托马舒夫一带,消灭了撤退中的波兰各集团军残部。德第十集团军渡过瓦尔塔河后兵分两路,南翼各部队又强渡皮利察河,迂回进攻维西察峰,向拉多姆进发。第十集团军的装甲部队进抵维斯瓦河,攻下位于布莱威的重要桥头,接着又攻下了古拉卡卢瓦桥头堡。这样一来,波军企图在达维斯托拉河建立防线的希望就彻底破灭了。

德军北翼各部队开始朝华沙方向进发。从 11 日 7 时开始，在炮兵部队的支援下，德军坦克开始攻打华沙，但遭遇猛烈的抵抗。经过 3 个小时激战，坦克部队被迫停止进攻，向后撤退。通过这次坦克部队的进攻，德军指挥官发现没有装甲部队的掩护仅靠坦克部队攻打华沙是不可行的。

◎ 华沙成了围城

当德军席卷波兰大部分地区时，只有波兰库泽巴将军的波兹南集团军还没有参战。德国陆军总司令部决定绕开波兹南集团军，直接进攻华沙。在波兹南集团军司令库泽巴弄清了德军的真正意图后，请求波军最高指挥部准许他袭击东进的德第八集团军。库泽巴的请求遭到波军总司令斯米格威·雷兹元帅的拒绝，雷兹想在维斯瓦河一带组成新的防线。

波兹南集团军只好向华沙方向撤退。在撤退时，波兹南集团军遭到德军空中打击，但未与德军陆军遭遇。与此同时，波莫瑞集团军的残部也在向华沙方向撤退。两支部队在波兹南和华沙之间布祖腊河附近的库特诺市会师。

此时，波军的波兹南集团军和波莫瑞集团军仍有数量可观的军队，共10个步兵师和2.5个骑兵师。波军如不反攻，将会持续受到德军装甲部队的冲击，反攻比不反攻更有利。波军总司令部别无选择，发动大规模的反攻有可能减慢德南方集团军群的推进速度，可以给其他波军喘息的机会，让其有时间组成新的防线。经过再三思考，波军总司令部最终批准了库泽巴将军的请求，同意进攻德第八集团军。结果，德第八集团军北翼第三十师受到大量波军偷袭，人员伤亡惨重，被迫向北抵抗波军。这也是整个德波战争中波军唯一的一次主动进攻。

第八集团军北翼部队暴露在波兰波兹南集团军面前。德军调来部分部队支援第八集团军的北翼，后来又调去2个预备步兵师。当时，德国陆军总司令部并未意识到来自布祖腊河防线波兹南集团军的真正威胁。

9月12日，希特勒亲临前线，要求陆军总司令部以最快的速度拿下华沙。波兰的库泽巴将军得到紧急情报：罗兹军团残部正向莫德林方向溃退，他们无法赶到库特诺增援了。更糟的是，德军正在库特诺附近集结兵力，波军面临被围歼的危险。库泽巴决定率领波军向东南方向突围。在突围过程中，德军步兵部队损失惨重，但是堵住了缺口，战斗异常惨烈。龙德施泰特和曼施坦因亲临前线指挥第八集团军阻击波军。

9月13日，德第十集团军占领了拉多姆，俘虏了波军5个师残部共65000人。有几支波兰部队突围成功，逃到森林地带。在森林地带，波兰人顽强作战，坚持了几天，最后还是被消灭了。

9月15日，波军攻势逐渐弱了下来。德第十集团军继续向北挺进，在华沙以西把库特诺通往华沙地区的波军所有退路封死。德第十和第三集团军分别从南方和北方包围了华沙。华沙城里的波军弹药充足，市内被毁坏的地方成了很好的炮兵防御阵地。华沙城里，防御部队不仅有正规军士兵，还有一支士气高昂的国民自卫队。希特勒打算改变进攻华沙的策略，暂时放弃对防御坚固的华沙发动总攻。

二战中的波兰军队

　　这一天，1 艘受损严重的波兰潜艇向海尔基地的波兰海军司令部发电："到达松德海峡，正加速驶向英国。"和这艘潜艇一样，另外 2 艘潜艇也多次受到德军飞机和反潜舰的袭击，其中 1 艘潜艇不得不向海军司令部报告："主机坏了，准备驶往瑞典。"另 1 艘伤痕累累的潜艇也于 9 月 18 日驶往瑞典。只有 1 艘潜艇躲过了德军海军的围剿，在波罗的海上航行 25 天后，驶往瑞典。这样，海上的波兰潜艇就只剩下了 1 艘，仅有的 1 艘最后也被德军飞机炸伤。

　　9 月 16 日，波兰军队向东北方向突围，企图渡河逃到莫德林。然而，这次突围行动再次被击溃，波军伤亡惨重。通过当天的战斗，德军进一步收缩了库特诺包围圈，波军的处境越来越艰难。

　　同一天，德军空军向华沙城中散发传单，要求波军放下武器，限令华沙当局在 12 小时内投降，但遭到拒绝。希特勒命令空军对华沙实施大规模轰炸，集中兵力摧毁华沙市内供水系统和发电站，同时命令陆军第三和第十集团军轮番炮击城区。

德军侦察部队找到了波军防御的弱点，第十和第三集团军曾试图进攻华沙。在德军的强大攻势下，尽管波兰政府临阵脱逃，但是波兰人民和军队携手跟德军展开殊死战斗。

波军在原罗兹集团军的指挥官鲁梅尔将军指挥下，英勇反击，使德军几乎无法前进一步。

在德军空中和地面的猛烈打击下，波兰政府和波军最高统帅部于 9 月 17 日离开波兰本土，逃往罗马尼亚。当天，德国空军停止了对华沙的轰炸，但是向库特诺包围地区投放了 328 吨炸弹，大量波军士兵被炸死。

波兰政府流亡到法国后，瓦迪斯瓦夫·西科尔斯基将军开始在法国重建正规军，他估计在法国可征召的波兰兵员为 7 万—8 万人，包括 4 万多从东欧撤到法国的波兰士兵和 3 万多住在欧洲各地的波兰人。

虽然希特勒曾因为进军华沙的先头部队速度太慢而大加斥责，但是对于当时的德军最高统帅部来说，布祖腊战役的胜利意义深远。而对于德军普通士兵来说，布祖腊战役无疑是一场异常惨烈的战斗，党卫军部队下级军官库特·迈尔跟随第四装甲师参加了这次战役。尽管库特是一个比较激进的纳粹党员，但他还是对这次战役中波兰士兵表现出的献身精神表示了应有的尊重，他说："否认波军的勇敢是缺乏公正的，我们在布祖腊进行的每一场战斗都是靠着极大的牺牲来完成的。"

9 月 18 日，德北方集团军群第三集团军一部和南方集团军群第十集团军包围了华沙。城外波军也被包围了，古德里安的第十九装甲军位于北面，南面是克莱斯特的第二十二装甲军。第二十二装甲军从喀尔巴阡山的贾布伦卡隘道冲出，连续强渡拜拉河、杜拉杰克河、维斯瓦河、桑河，在普密士要塞向北进攻，强渡布格河后，在华沙附近的布列斯特－里多夫斯克与第十九装甲军会合。

除了少量苏波边境的波军外，波军主力进入德军内外双层包围圈里。在德军坦克集群的反复冲击下，波军四分五裂，场面凄惨。此时的波军完全失去了控制，许多部队放弃抵抗，只有华沙等地的波军仍在战斗。

对德国陆军总司令部来说，库特诺战役的胜利具有特殊的意义。二战后，德国陆军对这次战役研究达几十年之久，成为军事教学和研究的典范。然而，对于普通的德国官兵来说，库特诺战役却是一次相当惨烈的战役。一位参加过该战役的德军老兵回忆："我们对波兰士兵深怀敬意，这些人都在拼命，库特诺的每一寸土地是靠着极大的牺牲和勇气来取得的。"

德军征服库特诺后，华沙就成了其下一个目标。在库特诺，波兰军队面对德军的重兵围困，依旧不肯投降。那些突出重围的波兰军队撤进华沙，增强了华沙的防御力量。

第六章　华沙沦陷

希特勒赶到前线视察后，命令空军继续轰炸。当天，空军投放了 560 吨炸弹、72 吨燃烧弹，燃起冲天火光。这是第二次世界大战开战以来，纳粹德国采用的最野蛮的方法来轰炸大城市，他们轰炸的目标不是军事设施，而是居民区。

◎ 如此保卫华沙

华沙，不仅是波兰全国的政治、军事中心和重要的交通枢纽，还是一个拥有好几家飞机和发动机工厂的飞机制造业中心。因此，要给波军以毁灭性的打击，就必须轰炸华沙。

9月1日凌晨，华沙上空200米以上全部是云层，能见度不到1公里，这让德国空军总司令戈林很是扫兴。花费几个月时间，制订了一个动用大量人力物力的计划，几百名参谋全力以赴地部署了每一个细节，执行这个计划的数千人在集结待命。然而，最后却因天气问题不得不从头开始。浓雾天气反复无常，只有等待天气晴朗，德国空军才能发起闪电式的攻击。当时，德国各空军大队和各团在东部的出击基地集结待命。装好炸弹的轰炸机有897架，驱逐机、战斗机和侦察机更是不计其数。

为了等待好天气，戈林命令袭击华沙的空军部队原地待命。空军的攻击时间一小时又一小时地拖后。13时25分，天气终于好转，戈林马上下达了攻击命令。14时，大批德国战机起飞，直扑华沙。幸亏驻守华沙的波兰空军已经提前把飞机转移到辅助机场的跑道上，才幸免于难。

波兰空军的驱逐旅派帕韦利科夫斯基上尉率领2个战斗机中队，大约30架飞机出战。担任德国轰炸机护航任务的第一飞行训练团一大队的驱逐机马上出击，指挥官是施莱夫上尉。施莱夫发现离他很远的下方有1架波兰战斗机，于是做了一个下滑动作，迎面而上，但波兰战斗机巧妙地躲开了。1架德机似乎发生了故障，准备低速脱离战场，波兰飞机立即咬住，不料背后的德军飞机趁机将其击落。在几分钟内，德军的诱饵战术用了多次，击落了5架波兰飞机。施莱夫等看到波兰飞机不再上当，只好驾机返航。当晚，德军最高统帅部在空军战果中加上了这么一条："几个强击航空团有效地支援了陆军的进攻。"

9月2日，德国空军继续围歼波兰空军。与德国人当初的设想并不一样，波兰空军非但没有在第一天被打垮，反而是得到了加强，还进行了反击。波军的一些战斗机开始拦截德军轰炸机，而波军的轰炸机猛烈轰炸德军装甲部队。保卫华沙的战斗一直持续了3天。有一架波兰侦察机竟然向德国境内扔了几颗炸弹，可惜没有爆炸。

9月3日，华沙空战再次上演。这次大约有30架波军飞机出战。德军第一飞行训练团驱逐机大队击落了5架波军飞机，自损1架。后来，该大队由于击落波军飞机28架，在波兰战役后获得德国战斗机"特等功勋部队"称号。

9月8日，德国陆军部队抵达华沙外围，创下了一周突进300公里的战争纪录，其空军的支援功不可没。

9月9日，德第四集团军在沃姆扎地区渡过那累夫河，随后一路势如破竹，向南急进。第三集团军开始从东面迂回包抄华沙，经谢德尔采向西进军，以便与其他部队形成合围华沙之势，同时切断了波兰军队沿维斯瓦河的退路。与此同时，古德里安的第十九装甲军则以最快的速度向东南突进。

9月10日，德军装甲部队开始从东面迂回侵入华沙，第三集团军进至华沙北郊。波兰守军被包围，防守华沙的波兰军队只有17个步兵营、10个轻炮连、6个重炮连、1个坦克营，这么点儿兵力想要守住华沙简直比登天还难。在这种情况下，华沙市民自发行动起来，他们自愿拿起武器支援部队，他们成立了"保卫华沙指挥部"，并发布第1号命令，号召全体军民坚持守土抗战。第1号命令号召："我们坚守阵地，除此之外，别无他路！"成千上万华沙人参加了构筑街垒和设置反坦克障碍的行动。华沙市民还成立了许多救护队、急救站和消防队。波兰工人更是一马当先，体现了良好的爱国情操，他们从9月5日就开始自发组织工人营，参加人数超过6000人。9月12日，许多工人营合并组成一个华沙工人志愿兵旅，坚守在华沙保卫战的最前沿。

9月13日，德军攻陷波兰东北部的小要塞奥斯韦茨，同时波兰的1个师也陷入德军包围圈，最后不得不放下武器。

9月17日，德军装甲兵团到达华沙郊区的布列斯特，从此华沙成了一座孤城。英法没有提供任何支援。德军飞机一连几天飞到华沙上空，投放大量劝降传单，但华沙军民拒不投降。中午，德军从华沙广播电台监听到一条消息，要求他们接待一位打着停战白旗到他们阵线去的波兰军官，该军官的任务是谈判释放华沙市民和外交使团。

希特勒怀疑是波兰城防司令在拖延时间。到了18时，德意志广播电台向波兰军队发出一项邀请，让他们派军官到德国前线参加22时开始的谈判。与此同时，凯特尔给布劳希奇打电报说，由于华沙市民没能在最后期限前离开城市，提议已经作废。参加谈判的波兰军官都将被告知，要向自己的司令提交一份最后通牒，要求首都在次日上午 8 时无条件投降。根据请求，德国将为外交使团的撤离做好安排，但市民不得离开。

9 月 18 日 11 时，仍然没有波兰军官到来，希特勒便命令布劳希奇和戈林立即做好从普拉加东郊攻打华沙的准备。

9 月 21 日，德国空军接到轰炸华沙的命令。华沙城防司令不得不接受希特勒的建议，从城里撤出全部外交使团和外国侨民。他们在华沙北面受到德国外交部代表的接待并转到柯尼斯堡去。华沙城里到处流传着德国西部战线稀奇古怪的消息，其中有一条说，法国人已经深入德国南部，鲁尔区已经停工。这无疑又坚定了波兰人保卫华沙的决心。

沦陷以后的华沙

在德国空军集中兵力摧毁华沙市内的供水系统和发电站的同时，第三、第十集团军连续炮击华沙城区。德军企图利用侦察部队找出波兰军队的弱点，而后发动总攻。波兰军队在前罗兹集团军司令官鲁梅尔的指挥下，坚持英勇反击，致使德军无法前进一步。华沙城内弹药充足，市内被毁坏的地方被华沙军民改造成了很好的炮兵防御阵地。鲁梅尔激励市民与军队一起参加反对侵略者的战斗。城内所有防御工事得到了加固，郊区的每座大楼围上了沙袋，砌上水泥掩体，围起铁丝网。然而，波兰军民的所有努力在强大的德军面前没有任何作用，就像德第八集团军司令布拉斯科维茨在报告中指出的那样："令我们久经沙场的士兵震惊的是，这些误入歧途的市民对现代化武器的威力一无所知。在他们军队领导人的煽动下，将怎样为他们自己的首都的毁灭做出贡献。"

◎ 落入魔掌

9月22日，希特勒来到第三集团军司令部，视察了部署在华沙东部郊区普拉加的炮兵部队。希特勒认为部队推进速度太慢，这么长时间还没有占领华沙，并为此大发雷霆。希特勒把进攻华沙的任务交给了刚刚在库特诺战役中取得胜利的第八集团军。从这一天开始，德军开始对华沙进行更为猛烈和密集的突袭和炮击。到26日，德国空军出动了上千架飞机对华沙实施狂轰滥炸。

9月25日，为了配合第八集团军的进攻，德国空军370架满载燃烧弹、炸弹的轰炸机和运输机对华沙展开大规模空袭。华沙市区变成一片废墟。运输机的投弹精度太差，一些燃烧弹飘到德国陆军那里。为此，陆军强烈要求停止大规模空袭。希特勒赶到前线视察后，命令空军继续轰炸。当天，空军投放了560吨炸弹、72吨燃烧弹，燃起冲天火光。这是第二次世界大战开战以来，纳粹德国采用的最野蛮的方法来轰炸大城市，他们轰炸的目标不是军事设施，而是居民区。

同一天，希特勒签发了第 4 号作战指令，对东西两线战场的一些问题作了指示，作战指令全文如下：

国防军最高司令　柏林元首大本营

国防军统帅部／指挥参谋部／国防处一组 1939 年 9 月 25 日

1939 年第 205 号绝密文件

仅传达到军官

第 4 号作战指令

一、分界线和帝国边界之间原来属于波兰地区的最终的政治结构还没有确定下来。

华沙和莫德林战役结束后，应由战斗力较弱的部队负责分界线的全面警戒。

东线，一定要保留相当数量的陆军和空军部队，以便迅速粉碎分界线（桑河—维斯瓦河—那累夫河—皮西亚河）后面仍在继续抵抗的波兰军队。

关于执行上述两项任务的兵力部署情况，请尽快向我报告。

二、可否于 10 月 3 日前组织一次占领维斯瓦河以西的莫德林和华沙的总攻，将由我依据局部进攻和敌人兵力消耗情况来决定，不过发动总攻的前期准备工作一定着手进行。

三、除德意志人和乌克兰积极分子外，必须阻止任何逃难的人流自东向西穿过分界线。

四、关于在战略上继续发动战争的决定。

各军种的措施不论是兵力方面还是装备方面，都不得与可能作出的决定中的任何一项相悖，一定要保障在西线随时可以发动一场进攻性的战争。另外，在东普鲁士务必保留相当数量的兵力，以便在发生武装暴动的情况下快速夺取立陶宛。

五、西线

在陆上，之前给西线作战下达的各项指令当前仍然有效，务必尊重执行。

在海上，取消各种限制，根据《捕获法》的规定开始对法英两国发动经济战。

另外，准许：攻击法国军舰和军用飞机，攻击法国护航运输队，攻击所有运兵船只；在北非沿岸（各港口）布设水雷。

海军航空兵部队根据《捕获法》组织实施经济战。

需要特别提醒的是，依然禁止攻击"客轮"或除商品外还载有较多旅客的大型轮船。

对西线空战的限制依然有效。只有在进行近距离战斗侦察和攻击敌之射击指挥飞机、系留气球时，才允许飞越帝国边界。空军可以在德意志湾和西部水雷警戒区内及直接支援海战时，攻击英法两国的舰艇。

至于实施远程侦察的命令，随后将下达给你们。

六、关于潜艇战。自今日开始，仅准许使用下列名称：

根据《捕获法》进行的潜艇战——经济战；

无限制潜艇战——从海上对英国实施包围。

七、潜艇不必事先警告，即可攻击载有武器的英国商船。待第 5 号指令下达后，该项指令即过时。

签字　阿道夫·希特勒

为了尽快占领华沙，德军首先得保证波军无一兵一卒突出重围。这样一来，波军对食品的需求量势必增加，食物供给必然紧缺。德国空军继续轰炸华沙的自来水过滤站和抽水站，炸毁市区的供水系统。这样，华沙城里的人就不得不直接饮用维斯瓦河水，于是很多人就会染上伤寒或肠胃病。另外，德军还切断了华沙的大部分发电站，炸毁所有面粉加工厂，以此来迫使饥饿的守军和居民投降。

与此同时，德国 2 艘战列舰向海尔基地展开大规模炮击。在炮战中，德军"施莱辛号"战列舰受伤，被迫逃跑。"石勒苏益格－荷尔斯泰因号"也受伤了，只得逃回格丁尼亚。在这场战斗中，波兰的一个 152 毫米要塞炮阵地被摧毁。27 日，波兰守军从鱼雷中拆出 10 吨炸药，炸毁了 2 条狭窄的海上通道，将海尔半岛与大陆断绝。由于海尔的弹药、给养消耗殆尽，波军失去了战斗能力。德军在 10 月 2 日占领了海尔基地。

9 月 26 日上午，德第三集团军从北面协助轰炸华沙，第八集团军担任主力向华沙发起总攻。德国步兵终于冲破外围防线，取得一定的进展。经过一天的殊死激战，波军败迹已现，要求停火休战。但是，希特勒拒绝了这一要求，因为他的条件是华沙守军无条件投降。下午，希特勒从波兰前线回到柏林，他现在考虑的是下一步行动计划，他在想，是迫使西方国家继续明哲保身，还是像对待波兰那样直接将他们击败？希特勒有点儿拿不定主意。

尽管德军的狂轰滥炸给华沙造成了严重的损害，但是华沙的守军和居民仍然继续在抵抗。不过，在接下来的日子里，波兰军民不得不面临弹药、饮水、粮食和药品等物资的缺乏。

此时，华沙城内的波兰军民已是弹尽粮绝，鲁梅尔将军和参谋们见局势已无法扭转，为保护市民不受到更大的生命威胁，被迫接受德军的条件。27日14时，驻守华沙的14万波兰军队放下了武器。德第八集团军司令布拉斯科维茨把他们攻占华沙的胜利归功于华沙的守军，因为当时他们就要撤离华沙了，没想到在这个时候守军放下了武器。据波兰历史学家统计，在华沙保卫战期间，波兰军队官兵5000名牺牲，1.6万人受伤，2.5万市民被打死，好几万人受伤。

弹尽粮绝以后，华沙军民才投降

华沙城防部队在耗尽了可用于防御的全部人力、物力后，于9月28日被迫在投降书上签字，至此华沙彻底沦陷，完全被希特勒的铁拳击碎了。为了攻占华沙，希特勒着实花费了一番心思。战后，希特勒的副官冯·贝洛曾有过这样的记述：

我们在索波特（波兰北部的一个城镇）逗留期间，希特勒的心思全在占领华沙方面。他说，华沙城防司令一直在等待西方国家的援助。9月21日，华沙城防司令接受希特勒的建议，将全部外交使团和外国侨民撤出城外。这些人在华沙北郊受德国外交部代表的接待并将他们送到柯尼斯堡。从外交人员的叙述中，我们获悉华沙全城都在备战，城内流传着关于西部战线稀奇古怪的消息。其中有一条说，法国军队已经进入德国南部，鲁尔区被迫停工。通过外交人员的叙述，我才明白，为什么华沙城防司令及其军民保卫华沙的决心如此坚强。

9月21日，德军开始大规模炮击，同时空军也接到了轰炸华沙的命令。9月22日和25日，希特勒乘飞机抵达华沙郊区，视察前线情况及轰炸效果。9月22日，希特勒到达前陆军总司令维尔纳·冯·弗里奇阵亡之地，这位总司令是受伤后不久去世的。希特勒听到噩耗后，显得非常震惊，心情非常沉重。这一天，我开车行驶在公路上，眼前是逃难的滚滚人流，给我留下了非常深刻的印象。逃难的人群中，大多数是孩子，其中有不少犹太人。我当时在心中默默祈祷，但愿我国人民不要遭受这种悲剧。然而，还是被我猜中了，5年后我国儿童像他们一样也开始了漫无目的的逃亡。

9月25日，希特勒再次飞抵华沙。他从一个很好的瞭望所观察前线战事的进展。陆军总司令命令当天进攻华沙。顿时，市区很多地方烈火熊熊。两天后，也就是9月27日，华沙城防司令被迫拱手交出华沙。

10月1日，波兰的最后一批部队在格丁根的赫拉半岛缴械投降。

受降的德第八集团军司令、即将上任的驻波兰德军司令布拉斯科维茨对攻克华沙的过程做了这样的实录（摘要）：

9月25日，元首和武装部队总司令走访了华沙前线，随行的是陆军总司令和陆军参谋总长。元首听取了第八集团军进攻计划的简要汇报：根据这个计划，主要火炮对要塞的轰击将于9月26日凌晨展开。在此之前，只有可辨认的军事目标、敌人的炮兵连以及诸如煤气站、自来水站和电站等重要设施，由陆军和空军负责轰炸。第十三集团军发起总攻的时间是于9月26日凌晨8时。一天后，也就是9月27日，第九集团军接着发起攻击。

布拉斯科维茨向元首汇报完后，陆军参谋总长又逐条予以批准。元首为要塞（华沙）里的居民即将遭受的痛苦而深感不安，建议再作一次努力，劝说华沙城防司令部放弃愚蠢的抵抗。元首说他保证要塞里的军官们可以在被俘时获得体面的尊严，如果立即投降，还可以保留其短剑。元首还保证这些军官和战士在履行完必要的手续后，将会尽快获释。

10月2日，希特勒大本营卫队长隆美尔将军走访了华沙，第二天在给妻子的信中谈到了华沙的残破景象："昨天，一切按计划进行：飞往柏林，飞往华沙，在那里进行谈话、视察，之后又飞回柏林，在帝国总理府向元首汇报，在元首餐桌上吃饭。华沙城内千疮百孔，几乎看不到一座完好的建筑物，当然也看不到一块完整的玻璃……华沙市民肯定遭受了难以想象的痛苦。长达7天，没有水，没有电，没有煤气，没有吃的……市长初步估计有4万人死亡或受伤……除此之外，一切都很平静。我们来了，波兰人的苦难日子到头了，他们也许得到了救助。饥饿的人群将NSV（纳粹党民事福利机构）、'巴伐利亚'营救队和战地厨房团团围住，这些人面容憔悴，精疲力竭。柏林正在下雨，乌云低垂。华沙，天没有下雨，但是云层很厚。"

◎ 披着羊皮的狼

华沙沦陷后，驻守华沙北部的莫德林集团军仍在顽强抵抗着德军。德国将进攻华沙时用的大炮调来轰击莫德林集团军。德军计划发动一场渗透到波兰外部防线的总攻。9 月 28 日由于严重缺水，食品储备也越来越少，莫德林驻军指挥官汤米将军要求休战。次日，莫德林要塞失守，2.5 万名波兰守军缴械投降。10 月 1 日，波兰海军总司令约瑟夫·乌恩鲁格率部正式向德军投降。

10 月 5 日，希特勒飞抵华沙，是来参加将要举行的庆祝德军胜利的盛大游行的。然而，此时的华沙依然笼罩在死亡的气息中，尸体腐烂的恶臭令这座昔日繁华的都市污浊不堪。

希特勒以一个高傲的征服者形象示人。在检阅完游行队伍回到机场后，面对蜂拥而至的各国记者，这位战争狂人得意扬扬地说："好好看看华沙吧，我可以这样对付任何一个欧洲城市，因为我有充足的弹药！"

10月6日，在登布林以东的科茨克附近，有约2个师的波军向德军缴械投降。除了10月的第一个星期内还有几场小规模的战斗外，波德战争基本上已经结束了。此后，除少数几支分散的小规模部队仍在波兰的密林中坚持游击战外，波兰唯一抵抗的地区是波罗的海沿岸。在这里驻扎着几支拥有防御基地的波兰军队。尽管有关南方波军被摧毁的坏消息频频传来，但他们依然在顽强地战斗着。

德军占领波兰仅仅36天。波军阵亡6.6万余人，伤13.3万人，被德军俘虏69.4万人，10万人逃至邻国。德军战死1万余人，伤3万余人，失踪3400余人。

英国军事理论家利德尔·哈特在总结德波战争时说："1939年的战事结局可以归结为两句话：在东方，一支陈旧得无法救药的军队被一支应用新技术的小规模坦克部队加上占优势的空军所瓦解；在西方，一支动作迟缓的军队却不能及早施展有效压力。"

波兰战败的原因很多，归纳起来主要为以下几点：第一，实力悬殊。德国吞并奥地利和捷克斯洛伐克后，领土面积增加到63.2万平方公里，人口8600万；波兰只有38.8万平方公里的领土和3500万人口。第二，战前波兰政府奉行"均势政策"，不想跟苏、德任何一方结盟，结果腹背受敌。第三，法英两国背信弃义。当时德国在西线只有20多个师，而仅法国就有100多个师，却按兵不动。

就在华沙城防司令鲁梅尔被迫签字投降的当天，德国政府对外发表声明："在最终解决了波兰国家瓦解而产生的各种问题，为东欧的持久和平奠定了坚实的基础后，我们确信，德国和英法两国之间终止战争状态有助于增进世界各国人民的真正利益，希望两国政府为此目标而共同努力！"

希特勒在国会开幕式演讲中俨然一位大度的和平使者，他说："德国不再对法国有进一步的要求，我甚至已经不愿再提及阿尔萨斯和洛林问题，我一直向法国政府表示希望有光荣历史的国家互相接近。我也作了同样多的努力来争取英德两国之间的谅解乃至友谊，我从来没有在任何地点做过任何侵犯英国利益的事情……今天，我依然相信，只有德国同英国达成了谅解，欧洲乃至世界才可能获得真正的和平。"

希特勒在国会发表和平演讲的前一天，却在帝国总理府召开了各军种总司令和参谋长联席会议，为下一场战争做积极的准备。跟往常一样，希特勒在会上滔滔不绝地发表了演讲。希特勒的这次演讲令在座的高级将领们大吃一惊。他用毫无商量的语气说，德国在武器装备和兵源方面的优势是暂时的，所以必须在 1939 年年底之前进攻法国，就像 1914 年那样，通过比利时境内或者至少通过荷兰的南部。

希特勒解释说："我不相信比利时能一如既往地坚持中立立场，因为比利时只在德比边界修筑防御工事。有迹象表明，比利时会准许大量聚集在其西部边境的英法部队迅速进入。这样的话，我们的鲁尔军事工业中心就会面临威胁，我们将来的征服计划将无从谈起。"

最后，希特勒指示陆军总司令布劳希奇尽快确定一个完成军事集结的最早日期，并强调"战争的目的是迫使英国投降并击溃法国"。

丘吉尔曾经指出，希特勒是一个一个地对付他的受害者，在任何时候，他都尽可能地使自己腾出一只手来，以便玩弄花招、随机应变，投机取巧是他的天性。这时，如果能与英法媾和，他就能腾出手来，对最有希望成功的下一个目标采取行动。这样，东南欧就很有可能落入他的魔掌，那时西欧国家和苏联会袖手旁观，虽然感到不安，但会犹豫不决。接下来，希特勒认为最适宜的时机是在西欧国家的默许下，甚至是在他们心照不宣的赞同下，可能对苏联发起攻击。最后，这个战争狂人也许会兵不血刃地迫使英法两国与一个欧洲巨人德国谈判，以寻求一个和平的政治解决方法。这个方法尽管表面温和，但久而久之将使英法两国听任希特勒和他庞大的第三帝国的摆布。

第七章　瓜分波兰

按照这次签订的苏德协议规定，苏联得
到了利托夫斯克的制糖和纺织工业、德罗霍
贝什和博雷拉夫的油井。这两个地方是波兰
产油最多的地方。作为补偿，斯大林同意每
年向德国供应 30 万吨石油。

◎ 煞费苦心

希特勒的魔爪刚刚捏碎东方的波兰，便毫不犹豫地伸向了西线。10 月 9 日，希特勒签署第 6 号作战指令，要求德军做好西线进攻的准备，指令全文如下：

国防军最高司令　柏林

国防军统帅部／指挥参谋部／国防处一组 1939 年 10 月 9 日

1939 年第 172 号绝密文件

仅传达到军官

第 6 号作战指令

若能断定英国及其领导下的法国不愿结束战争，那么我决定不久即实施主动进攻性的行动。

等待时间一长不仅会导致比利时也许还有荷兰的中立态度偏向西方国家，而且会使敌人的军事力量得到不断增强，从而使这些中立国对我们的最终胜利丧失信心，另外对于促使军事盟国意大利站到我们一边也起不到积极作用。

为了继续实施军事行动，现在我命令：在西线北翼，务必做好通过卢森堡、比利时和荷兰领土实施进攻作战的准备工作。

这次进攻作战的规模要尽可能大，并且要尽快实施。这次进攻作战的目的：最大限度地消灭法国陆军部队及其一同作战的盟军；尽最大可能夺取比利时、荷兰和法国北部领土，以此作为对英国进行极有成功希望的空战和海战基地，作为鲁尔地区广阔的前方保障地带。

进攻的时间取决于装甲部队和摩托化部队的战前准备以及届时出现的和预报的天气情况。需要强调的是，战前准备工作一定要全力加速进行。

空军须防止英法两国空军对我陆军部队的突然袭击，必要时可以直接支援陆军部队向前推进。需要特别强调的是，一定要阻止英法两国空军在比利时和荷兰建立基地，一定要防止英军在比利时和荷兰登陆。

全力实施海上战争，目的是在这次进攻作战中间接或直接支援陆军和空军部队的行动。

除了按计划做好在西线实施进攻行动的准备外，陆军和空军部队要时刻处于待命状态，并不断提高战备程度，以便尽可能远地在比利时领土上迅速迎战向比利时开进的英法两国军队，以便占领荷兰西部海岸尽可能辽阔的地区。

准备工作一定要注意隐蔽，其目的是给人一种假象：我们仅仅是为了对付英法两国在法国与卢森堡和比利时边界附近即将进行的兵力集结而采取的预防措施。

各位总司令先生，这里仅指国防军各军种的总司令冯·布劳希奇（陆军）、雷德尔博士（海军）和戈林（空军），你们还将收到一份题为《关于进行西线战争的备忘录和方针》的详细文件。据此指令，请各位尽快向我报告各自的详细计划，通过国防军统帅部继续向我报告各项准备工作的情况。

签字　阿道夫·希特勒

斯大林和希特勒

希特勒向来反复无常，在积极备战的同时，还不忘向世人释放和平烟幕。希特勒的和平诚意到底有多少，他的国务秘书曾这样说："现在结束战争的打算是真的了，而对于和平的可能性，我本人估计有百分之二十，其他人则估计有百分之五十，但他是百分之百。如果他取得和平，那将证明英国牺牲波兰的论点差不多是正确的。除此之外，此举将使如何用军事手段降服英国这个棘手的方案自消自灭。"

10 月 10 日 11 时，希特勒召集军事将领们开会。会上，希特勒除了公布昨天签署的第 6 号作战指令外，重点针对陆军司令部的厌战情绪公开了他这两天的一些谈话。谈话是以备忘录的形式记录下来的，长达 58 页。希特勒说："我只想谈另一个问题，继续战斗的必要性……德国的战斗目标是从军事上一劳永逸地迅速解决西方问题，也就是说，摧毁西方国家的力量，使之永远不能再反对德国人民在欧洲国家进一步的发展。"

希特勒在备忘录中解释了为什么必须抢时间，争取早日执行进攻西方的"黄色方案"。他说："没有任何条件或协定能够有把握地保证苏联永远保持中立。从目前来看，一切情况均不利于苏联放弃中立。然而，8 个月后，一年乃至几年后，这种局面很有可能会改变。近年来，各方面的情形都说明条约的不足凭信。防御苏联进攻的最好的办法就是及时展示德国的力量。"希特勒还对战略战术问题提出了自己的见解，最后，他提出了实施"黄色方案"的时间表：不能太早，但只要有可能，无论如何必须在今秋发动。

其实，希特勒对苏联的疑虑并非没有道理。在德波战争刚刚爆发时，希特勒就曾催促苏联尽快出兵。希特勒认为，苏联出兵既能瓦解波兰的军队，更能迫使英法两国不敢出兵，这样就可以使德国以更快的速度彻底摧毁波兰。苏联政府像世界上其他国家的政府一样，对德军在波兰的军事进展如此神速感到震惊。出兵波兰是苏联早就确定的军事战略，但苏联领导人斯大林选择了适当的时机，以最大限度地减少苏联在世界各国的负面影响。

战争爆发后的第 3 天，德国外交部长里宾特洛甫就致电苏联外交人民委员莫洛托夫，建议苏军进驻波兰东部地区。莫洛托夫回复里宾特洛甫："苏联出兵波兰的时机还没有到。"不过，他郑重警告，即使德军先到了那里，也必须遵守苏德条约秘密条款的分界线。由此可见，斯大林对德军的势力是有所怀疑的，他认为德国需要相当一段时间才能彻底消灭波兰军队。

　　当德军攻到华沙城下的情报传到莫斯科后，莫洛托夫马上通知德国外交部，苏联将在几天后出兵波兰。

　　为了使苏联在世界各国面前师出有名，避免背负侵略者的骂名，要等华沙沦陷后方可出兵，这就是斯大林的高明之处。斯大林认为，波兰国家和政府不存在了，苏联就不再受《苏波互不侵犯条约》束缚了。莫洛托夫在给波兰大使的照会和对全世界的广播中，宣布苏联军队进驻波兰的原因："华沙作为波兰的首都不存在了，谁都不知道波兰政府去哪里了，波兰已经变成对苏联构成威胁的地方。"斯大林认为，苏联有责任保护波兰境内的乌克兰和白俄罗斯族同胞。苏联政府通知驻莫斯科的波兰大使，苏联将在波德冲突中严守中立。

　　这样与德国密谋瓜分波兰的苏联便找到了"体面"的出兵波兰的借口。对于苏联进军波兰，英国人感到十分震惊。美国总统罗斯福更是把斯大林说成是纳粹德国的帮凶。

　　丘吉尔在广播中说："苏联军队在波兰东面抵挡纳粹德国，但愿斯大林是作为我们的盟友这样做的。"而张伯伦则说："苏联军队控制了波兰的部分领土目的是用来防御德国，这是正确的。"

　　然而，令丘吉尔和张伯伦未曾想到的是，早在德波战争爆发前夕，苏德签订的互不侵犯条约附属秘密议定书中就已经对波兰进行了秘密瓜分。之前的瓜分只是落在文件上，如今却开始付诸行动了。其实，首先提出完全瓜分波兰的，并不是德国，而是苏联。有意思的是，流亡伦敦的波兰政府从来都没有把苏联红军定为侵略军，至于苏联红军解放波兰后就更不敢对苏联说三道四了。

◎ 狡猾的苏联人

9月16日，苏联终于确定了出兵波兰的日期。当德国的第十九集团军于17日攻陷布列斯特时，苏联红军的60万大军也开进了波兰。当天，苏联政府即向波兰驻莫斯科大使馆递交了一份照会。苏联政府在照会中说：

鉴于波兰政府已经不复存在，因此苏波之间缔结的条约亦随之失效。

苏联政府对居住在波兰境内的同胞——乌克兰人和白俄罗斯人的命运不能采取漠不关心的态度。这些同胞被抛弃，任人摆布而毫无保障。鉴于这种局面，苏联政府命令红军总司令部所属部队越过边界，将西乌克兰和西白俄罗斯居民的生命财产置于自己的保护之下。

9月18日5时40分，苏联红军将领科瓦廖夫指挥白俄罗斯方面军、铁木辛哥指挥乌克兰方面军共7个集团军40个师，通过1000多公里的苏波边界进入波兰。苏联 40 个师在 8 个航空兵团的空中支援下快速突破，当晚便攻下了波列西耶。起初，波兰军队还以为苏联军队是来帮助他们的，所以就放松了戒备。加上当时的波兰军队正在拼命抵抗德国虎狼之师的入侵，波苏边境只有 25 个边防营。区区 25 个营怎能抵挡 40 个师的苏联红军？

苏联红军向波兰守军喊话："别开枪，我们是来帮你们打德国人的。"波兰守军信以为真，这样苏联军队便顺利地通过了许多地方。大批苏联军队进入波兰境内后，开始俘虏波兰官兵，于是波兰军队很快被解除武装，稍有反抗，便立即被镇压。

苏军的落井下石让面临绝境的波军司令部雪上加霜。逃到罗马尼亚的波军总司令雷兹命令波苏边境的波军撤到罗马尼亚和匈牙利，越过德军，杀出一条血路。面对苏军，雷兹的命令是，除非被苏军拦住，否则绕道而行。由于一些边防营没有接到撤退命令，继续作战。在格罗德诺和科布林等地，苏波双方爆发了激战。

9 月 18 日，苏德两国军队在布列斯特－里多夫斯克胜利会师。19 日，德国驻苏联大使舒伦堡发给德国外交部的电报中说："莫洛托夫暗示，苏联政府和斯大林本人已经放弃了原先允许一个残存的波兰存在的意图，现在想以桑河—维斯瓦河—那累夫河—皮西亚河为界分割波兰。苏联政府希望立即就这一问题进行谈判。"

苏德会师

22 日，苏军从德军手里接管了战略要地布列斯特要塞，利托夫斯克的波兰守军投降。苏军很快便拿下了战略要地比亚韦斯托克。德军的古德里安和苏军的克里沃斯基在此共同举办了胜利宴会。关于德苏两国军队的这次会师，古德里安在他的回忆录中这样写道：

装甲搜索车里的一位青年军官做了苏联人的前导，他告诉我们他后面有一个苏联装甲旅。这个时候，我们才知道里宾特洛甫外交部长所同意的分界线就在那里。布列斯特早已划给了苏联，布格河就是界线。我们觉得这种分界线对于德国不太有利，后来我们又收到通知应于 9 月 22 日前撤回到分界线以西。时间实在太紧了，我们就算是把所有损毁的战车修理好都来不及，何况还要把全部伤兵运回。关于这些外交上的谈判，是没有军人参加的。

在防区交接的那一天，对方是一位苏联准将，叫克里弗金，他也是一位装甲部队指挥官，还懂一点儿法语，所以我和他勉强可以交谈。由于外交部并没有给我们明确的指示，所以我就以友谊的方式办理了一切移交手续。我们所有的装备全部带走，但是俘获的波兰物资只能留下来，因为时间仓促，我们没有时间组织运输力量将它们运走。离开时，我们举行了一个临别阅兵礼，在苏联红军面前向两国国旗敬礼。就这样，结束了我和我的部队在布列斯特－里多夫斯克的驻留。

对于苏联红军进入波兰的军事行动，英国海军大臣丘吉尔在一次广播演说中也曾提到：

苏联终于要采取行动了。他们所谓的"民主"就要体现出来了。9月17日，苏联军队越过几乎没有设防的波兰东部边境，在广阔的波兰境内以迅雷不及掩耳之势向西突进。18日，苏联军队占领了维尔纳，并在布列斯特－里多夫斯克与其合作者德国军队会师。在上次世界大战中，布尔什维克党人违背他们与协约国签订的庄严协定，也是在此地单独和德皇时代的德国媾和，并屈辱地接受了德国苛刻的条件。当前，苏联共产党人竟和希特勒的纳粹德国还是在这个地方——布列斯特－里多夫斯克握手言欢。

波兰的覆灭及其被征服的过程进行得很快，可是华沙和莫德林尚未被征服。华沙城内抵抗动力主要是民众高昂的爱国精神，伟大悲壮可歌可泣，但是没有一点儿希望。经过了多日猛烈的空中轰炸，以及许多从平静的西线通过东西向的主要公路迅速调来的重炮部队的疯狂炮击，华沙电台终于停止播送波兰国歌，希特勒随之进入这个一片废墟的城市。

莫德林是维斯瓦河下游32公里处的一个要塞，收容了索恩的兵团残部，一直苦战到28日。在不到一个月的时间里，一切都结束了，一个拥有3500万人口的国家就这样陷入了侵略者的魔掌，而这些侵略者不仅要征服还要奴役，甚至要消灭这个国家的广大民众。

对于德国和苏联为什么可以联合起来，丘吉尔分析道：

苏联军队一路前进，势如破竹，一直推进到他们与希特勒谈好的分界线。直到29日，苏德两国瓜分波兰的和约正式签字，我仍然确信苏德之间有着深刻的仇恨，并相信这种仇恨难以消除。我依然深信，苏联一定会由于局势的逼迫而倒向我们这边。

由于以上原因，对于苏联这种无情残暴的政策，我尽管感到十分愤慨，内阁成员以及我周围的人们也是情绪激动，但我仍然保持冷静。我从来没有对苏联抱有任何幻想，我深知他们不承认任何道德准则，只顾自己的利益，至少他们对于我们没有承担任何义务。另外，在生死存亡的战争中，我们的愤慨一定不能凌驾于打败主要敌人这一目标。

因罗马尼亚与波兰关系友好，大量波兰难民涌入罗马尼亚。于是，德国通过外交手段向罗马尼亚施压，逃到罗马尼亚的波兰难民又被赶回波兰。

狡猾的苏联人选择了最合适的时间出兵波兰。如果早半天的话，就很可能会发现波兰政府仍然在行使着职权，这样苏联的进军就变成了侵略行为，使苏联对波兰的盟国——英国和法国进入战争状态。如果晚半天，苏联就会发现德国在南方占领了罗马尼亚，在北方占领了波罗的海沿岸各国。

◎ 分割波兰

苏军出兵波兰东部地区的突然行动给德军带来很多麻烦。《苏德互不侵犯条约》规定，苏德两国将顺着纳雷河—维斯瓦河—桑河一线瓜分波兰，苏军进入波兰后，应立即通知德军撤出波兰东部地区。当时，德国一些部队正在波兰东部地区忙着消灭波军剩下的部队。如果这个时候撤离，波军就会趁机撤到匈牙利和罗马尼亚。

苏军的突如其来带来的另一个难题是德国和苏联的士兵相互开火，造成了一定程度的不必要伤亡。这样的事件相对来说是较少的，德军的撤退是有秩序的行动。不过，对驻守波兰南部的德第十四集团军来说，执行撤退命令还是遇到了一定的难度，因为该集团军正肩负着阻挡波军涌入匈牙利和罗马尼亚的任务。

9月20日，德军包围了利托夫斯克。龙德施泰特命令第十四集团军撤退，把利托夫斯克交给苏军。就在德军撤退的时候，一直坚守利托夫斯克的波军竟然向德军投降了，他们不愿意被苏联俘虏。在德第十四集团军向西撤退时，又遇到了向南逃跑的波兰军队。双方发生了几次交锋，不过大多数波兰官兵绕过德军逃跑了。据波兰炮兵军官斯维克茨基上校回忆，当时波兰官兵有近6万逃到了匈牙利，3万逃到了罗马尼亚，1.5万逃到了立陶宛。这些逃亡的军人后来又逃到法国，他们在法国重新组建了波兰军队。这些波兰军人饱尝亡国的痛苦，继续与德军战斗到二战结束。

9月25日，苏军占领布格河—桑河一线，完成了瓜分波兰的军事行动。苏军作战12天，向西推进了250—350公里。在苏波战争中，苏军阵亡700余人，伤1900人；波军阵亡约5000人，被俘30万人。苏联利用《苏德互不侵犯条约》成功阻挡了德国军队进攻东欧各国的企图。后来，希特勒在对苏联作战的会议上也提到了这一点，他愤怒地列举了苏联破坏德国进攻东欧各国的一系列战略构想。

25日晚上，斯大林在克里姆林宫召见德国驻苏大使舒伦堡，两人谈了很长时间。会谈结束后，舒伦堡向外交部长里宾特洛甫报告了斯大林要他通报的事情："斯大林认为留下独立的波兰是错误的选择。在他看来，最好自分界线以东的领土中，直到布格河的整个华沙归德国所有。作为交换，德国放弃立陶宛。如果德国同意的话，苏联将根据1939年8月23日达成的议定书，开始处理波罗的海地区问题，希望德国在这一方面能够给予支持。"

9月26日18时，里宾特洛甫飞抵莫斯科。这次他来莫斯科，是想让斯大林做些让步。他认为德国在这次战争中是主导力量，苏联乘机捡了个大便宜。斯大林亲自参加谈判，会谈从22时开始，一直持续到次日凌晨1时。斯大林提出两个分割方案：第一个方案是，根据原先的协定来划分波兰，立陶宛划归德国；第二个方案是，立陶宛划归苏联，苏联则让给德国更多波兰领土，包括卢布林省和华沙，也就是说波兰领土大部分归德国。斯大林提出，波兰的残余势力会在德苏两国之间制造摩擦，若德国接受他的条件，苏联会根据1939年8月23日的议定书处理波罗的海问题。

9月28日上午，里宾特洛甫给希特勒发去一封长电报，请示是否可以选择第二个方案，希特勒当即表示同意。当天，德国政府和苏联政府发表联合声明，宣称已经最终解决了波兰国家解体后所引起的问题，此举为东欧的持久和平奠定了坚实的基础。声明指出，两国政府相信，结束德国和两个西欧国家（英法）之间的战争状态，将真正有利于各国人民。

9月29日凌晨5时，按照斯大林提出的第二个方案，莫洛托夫和里宾特洛甫在协议上签了字。里宾特洛甫问斯大林："苏联是否愿意与德国结盟？"斯大林没有直接回答："我决不允许德国变弱。"

回到柏林后，里宾特洛甫马上到帝国总理府给希特勒通报这次莫斯科之行的情况。希特勒对里宾特洛甫说："我之所以把立陶宛让给苏联，是因为我要向斯大林证明，德国是真心实意与苏联达成谅解的。"

在德苏协议签字的第二天，也就是9月30日，希特勒签发了第5号作战指令，全文如下：

国防军最高司令　柏林

国防军统帅部／指挥参谋部／国防处一组 1939年9月30日

1939年第171号绝密文件

仅传达到军官

第 5 号作战指令

一、1939 年 9 月 28 日与苏联签订边界与友好协定后，计划按下列方针来确定我国利益范围内的原波兰地区的政治结构：

1. 东面新的政治疆界大致包括较早前的德意志人居住地区和其他在军事、国防经济或交通方面特别重要的地区。疆界走向还没有具体确定，请将这方面的建议通过国防军统帅部呈报给我。

2. 通过构筑永备工事把当前分界线（皮西亚河—那累夫河—维斯瓦河—桑河）加固为针对东面的军事警戒线。为此，所需的部队驻地也要永久性地向前移到我国政治疆界以外的地方。

关于警戒线的具体走向，请通过国防军统帅部向我提出建议。

3. 按照与苏联签订的边界与友好协定确定的分界线，需要通过附加备忘录作具体规定，它是德国与苏联之间的利益范围分界线。

4. 分界线与我国新的政治疆界之间地区的国家政治机构，由我决定。

二、分界线内，前波兰国家的整个地区（包括苏瓦乌基突出部），暂时作为军事管制区，由陆军总司令管辖。

请陆军总司令就下列几方面尽快拿出措施，并向我提出报告。

1. 稳定新占领区。在莫斯科签订协议后，马上进行该方面的工作。

2. 沿分界线设置警戒线。

3. 占领整个新占领区。待局势稳定下来后，在军事警戒线以东保留最低限度的兵力。

空军总司令在东线应保留必要的兵力，以遂行陆军总司令的上述任务。

4. 将军事管制区划分为若干个专区，并将军事管制专区的范围扩大到新并入的地区。

三、鉴于最近政治事态的发展，已经没有必要按照第4号指令第四条最后一句话在东普鲁士保留原计划要保留的兵力。

四、取消对法国实施海上战争的限制。对法国的海上战争参照对英国的海上战争。

经济战应根据《捕获法》实施，不过下列情况除外：

对确定无疑的敌人商船及运兵船只，可以不予警告而直接发动攻击；

上述措施同样适于对付在英国周边水域闭灯行驶的船只；

对于停泊后使用发报装置的商船，可向其发动直接攻击；

仍然禁止攻击"客轮"或除商品外显然载有较多旅客的大型船只。

五、关于西线的空战，之前的限制仍然有效。空军部队可以飞越我国边界执行下列任务：近距离战斗侦察；袭击敌射击指挥飞机和系留气球；有限度地实施空军总司令规定的远程侦察。

陆军对远程侦察的要求，可考虑通过陆军和空军之间的直接合作来予以满足。

空军仍然可以攻击北海的英法两国的海上武装力量，并可以根据《捕获法》发动经济战。

六、以第四和第五条之规定代替第4号作战指令之第五条第2、第3款和第七条。

签字 阿道夫·希特勒

按照这次签订的苏德协议规定，苏联得到了利托夫斯克的制糖和纺织工业、德罗霍贝什和博雷拉夫的油井。这两个地方是波兰产油最多的地方。作为补偿，斯大林同意每年向德国供应 30 万吨石油。

根据新的瓜分协议，希特勒下达命令，波兰的西部领土并入德国版图，其面积为 9 万多平方公里，人口约 1000 万。在其余的 18 万平方公里的波兰土地上，德国设置了总督区，由汉斯·弗兰克任总督。总督府位于克拉科夫，分为四个省：克拉科夫、华沙、卢布林、腊多姆，人口约 1200 万。

◎ 灾难从此开始

10 月 3 日，英国首相张伯伦在国会下院针对德苏声明阐述了他的观点，他说："暗示建议媾和，如果该建议遭到拒绝，结果就是不加掩饰的威胁。没有任何威胁能迫使我国和法国背弃我们为之进行的战斗目标……德国政府的任何空口保证我们一概不能接受……如果……建议提出来，我们一定要根据我刚才讲的话对之进行审查和考验。"

10 月 4 日，法国总理达拉第在巴黎国民议会外交委员会上也阐述了法国政府的立场，内容跟张伯伦头天的观点相仿。

10 月 6 日，希特勒在柏林国会大厦发表演说，重复了德国的和平建议。他重申，关于允许两次大战之间的波兰复国一事，听都不要听。在列举德国在东北欧的目标时，他提出要建立一个新的波兰，其组成和管理既要防止它再度变为反德温床，又要防止它再度成为德国和苏联的阴谋中心，德国将和其他国家一起努力建立欧洲安全的稳定因素。

10月12日，张伯伦在国会下院发表演说，断然拒绝希特勒的建议。他说："希特勒提议建立所谓的欧洲安全的稳定因素，实际上是要别人承认他的侵略合法，并承认他对被侵略国家为所欲为的权力。想让大英帝国接受这样的建议是不可能的。希特勒演说中的建议是含糊的、不明确的，而且没有包含改正对捷克斯洛伐克和波兰错误做法的迹象。希特勒和德国政府必须用明确的行动对他们打算履行的诺言作出有效的保证，并以此来为他们希望和平的诚意提供令人信服的保证，否则我们一定把自己的责任进行到底。现在是德国作出选择的时候了。"

希特勒获悉张伯伦的讲话后，大发雷霆，当天晚上就把戈林、米尔契和乌德特叫到总理府，指示他们尽快恢复炸弹生产，说要将战争继续下去。

10月14日，苏德双方正式签署议定书，还成立了边界勘定委员会。分界工作于1940年2月底完成，边界线长1500公里，其中三分之二顺着河流，并以此为界。没有河流的地方，用统一的界桩标示。苏德两国不久就在分界线的两边筑起了防御工事。随后，西乌克兰和西白俄罗斯相继在原波兰东部领土上成立苏维埃政府。苏维埃政府于11月1日和2日分别加入乌克兰加盟共和国和白俄罗斯加盟共和国。苏联对外声称，这些都是当地居民自由选举完成的。

当希特勒看到新绘制的波兰分割图后，立即察觉到了新的东方边界上的战略弱点。新的分界线使德国和罗马尼亚之间没有共同的边界，也就是说，德国和罗马尼亚油田与黑海之间的唯一铁路联系要经过苏联控制的领土。一位德国外交官说："从战略上说，如果苏联军队现在开进波罗的海沿岸各国，我们将会失去波罗的海。苏联将比以往任何时候都要强大，而且他们可能随时与西方国家一起对抗我们。"

事实正如那位外交官分析的那样，在苏联的压力下，爱沙尼亚于9月29日把空军、海军基地让了出来。几天后，拉脱维亚和立陶宛也照样做了。

流亡的波兰政府向国联抗议德苏瓜分波兰，向国联所有成员国政府提出抗议反对把维尔纽斯划给立陶宛，抗议把波兰西部并入德国。当苏联在原波兰东部西乌克兰和西白俄罗斯两个地区举行选举时，流亡的波兰政府发表声明，表示抗议。然而，法英两国政府并不介意1921年被波兰吞并的土地回到苏联手中。

德军屠杀犹太人

德军入侵波兰后，开始大批逮捕和屠杀波兰人。他们的枪口首先对准波兰知识分子，尤其是犹太人。希特勒企图消灭波兰的科学和语言。1940年春，在并入德国的西部土地上，德国建立了600多处杀人刑场，每处都有几千人被杀。德国在总督区建立了几千个集中营，从 1940 年到 1945 年，被杀害的有来自 30 多个国家的 400 万人。德国在各个城镇把犹太人集中起来，建立犹太区，集体屠杀犹太人。据保守统计，在集中营和死亡营中，被杀害的犹太人近 500 万，波兰人近 410 万。另外，在大搜捕中被屠杀或在监狱中被折磨而死的波兰人近 170 万，还有 250 万波兰人被赶到德国从事苦役。波兰人遭遇了前所未有的灾难。

1940 年 4 月 17 日，英法两国政府和波兰流亡政府在伦敦和巴黎发表共同宣言，呼吁全世界人民抗议德国政府在波兰占领区的法西斯行径。

1940 年 6 月中旬，德军武装占领法国，波兰流亡政府被迫从法国迁到伦敦。波兰流亡总统拉奇耶维奇于 6 月 20 日来到伦敦，受到元首级的礼遇。根据波兰西科尔斯基元帅和英国首相丘吉尔达成的协议，1 万多波兰士兵乘军舰从法国来到英国。

1943 年 4 月，德军揭发了"卡廷森林大屠杀"事件。苏联一概否认，并声称"卡廷森林大屠杀"事件是德国一手制造的。英美两国政府出于对德作战的需要，接受了苏联的说法。在伦敦的波兰流亡政府继续派人追究此事，于是苏联及其控制下的波兰便与流亡的波兰政府断绝了外交关系。战后，苏联将波兰置于它的势力范围。英国政府不得不向强大的苏联妥协，以换取苏联承认战后希腊属于英国的势力范围。

1943 年年底举行的德黑兰会议上，英美完全按照斯大林的建议划分战后波兰的东西边界，流亡英国的波兰政府当然无法接受。英国首相丘吉尔努力促成苏联和波兰再次和解，恢复正常外交关系，但双方对"卡廷森林大屠杀"事件和波兰东部边界问题还是没有达成一致。

德黑兰会议三巨头

1945 年 6 月 28 日，波兰共产党卢布林政府成立。卢布林委员会下属的军队是由波兰战俘中的共产党党员组成的，只在阅兵式上用一用。波兰政府的安全完全靠苏军维持，连国防部长都是斯大林任命的。

根据苏、英、美三国确定的波兰边界，波兰得到西部 3.1 万平方公里的土地，这是公元 10 世纪波兰建国初期的波兰领土。这样，波兰与德国的国界线长 460 公里，与捷克斯洛伐克的国界长 1310 公里，东面与苏联的国界长 1224 公里。波兰的海岸线长 524 公里。

1945 年 8 月 16 日，苏联与波兰签订边界条约，西白俄罗斯、西乌克兰原属波兰的 17.9 万平方公里的土地划归苏联，原属德国的西里西亚以及北部但泽自由市，共约 10.2 万平方公里划归波兰作为补偿。波兰也是战胜国之一，但与二战前相比，国土面积却减少了 7.7 万平方公里。

　　1956 年，波兰政府进行改革，在英国的波兰政府很多官员回到波兰，甚至教皇也承认波兰本土政府。不久，在苏联的干涉下波兰政府的改革失败了。流亡英国的波兰政府一直存在下来，直到 1990 年。

◎ 抵抗从未停止

德国武装占领波兰后，国破家亡的波兰人民并没有屈服，他们继续在国内国外组织力量反抗纳粹德国的侵略，直到将德国侵略者赶出自己的家园。

1939 年 9 月 27 日，波军高级军官在华沙建立了军事组织——为波兰的胜利服务。9 月 30 日，西科尔斯基在法国巴黎成立波兰政府。波兰政府迁到伦敦后，"为波兰的胜利服务"于 11 月 13 日改组为"武装斗争联盟"，领导人为罗韦茨基，后来"武装斗争联盟"又改称"国家军"，继续反抗纳粹德国侵略军。

11 月 22 日，波兰国民党、劳动党、农民党和社会党在法国的翁热组成新的波兰政府，开始在国内建立秘密军事组织。波兰农民党在国内成立了"农民卫队"，后来改名为"农民营"。

波兰共产党在极端困难的条件下，建立了许多秘密抵抗组织。在总督区，参加抵抗运动的波兰人约 10 万，建立了 300 多支游击队。波兰人民的抵抗运动在战争中不断壮大，波兰游击队不断袭击德国占领军的餐厅、咖啡馆、电影院。华沙、克拉科夫等大城市是游击队的战场。游击队的活动给德军造成了重大伤亡，使其不得不经常出动正规军进行镇压。二战期间，波兰国内参加抵抗运动的人数在100万以上，游击队51万，其中国家军30万，农民营15万，人民近卫军6万。

1940年4月，流亡法国的波兰政府开始组建陆军，形成战斗力的有一个半师。为了参加盟国挪威远征军，波兰从第一步兵师的3个团各抽出第二营，加上第二步兵师刚组建的1个营，以4个营组成了波德霍尔旅。波德霍尔旅共4778名官兵，全副法国装备，配备有15门60毫米迫击炮，15门81毫米迫击炮，25门反坦克炮。根据法军的编制，旅分成两个"半旅"，每个"半旅"辖两个营。

4月24日，挪威远征军从布雷斯特港启程，于5月7日夜秘密登陆纳尔维克港附近的几个半岛。5月9日，挪威远征军与坚持作战的挪威第六步兵师取得了联系。波兰旅第二营、法军和挪威军队于5月11日对德军右翼发起攻击，波兰旅第二营迂回德军后面，并使其败退。波兰第一和第二营赶赴安康半岛防御，与德军不断发生遭遇战。

5月底，德军第三山地师眼看要顶不住盟军的攻势了，没想到欧洲大陆的英法盟军却败于德军的闪击战。5月26日，英法盟军被迫开始敦刻尔克大撤退。英国近卫军也被迫撤出了挪威远征军。

5月27日夜，欧洲大陆败局已定，挪威远征军决定发动对德军总攻，之后撤往英国。法国外籍军团、挪威军担任正面主攻，波兰旅在安康半岛担任辅攻。波兰第三营和法国阿尔卑斯"半旅"组成预备队。

这时，挪威远征军对迪特尔将军的德国第三山地师仍有 2：1 的暂时优势。5 月 28 日中午，经过无数次猛烈进攻后，盟军攻下纳尔维克城后撤走了。

整个战役中，波兰旅阵亡 104 人，伤 189 人，21 人被俘。波德霍尔旅撤到苏格兰基地后，应法国政府的要求，从苏格兰出发来到法国布列塔尼半岛的布雷斯特港，在此加入法国战役第二阶段防御战。该旅与法军主力一起被德军击溃，只有少数人从布雷斯特港撤回英国。波兰士兵不是进了战俘营，就是逃进法国维希政府控制区，然后再逃到北非，到英国或者中东继续作战。波德霍尔旅就这样消失了。

后来在法国组建的 4 个波兰步兵师命运同样悲惨。波兰陆军在重建过程中，领着法国的军饷和武器，经常被人视为乞丐。许多波兰人宁可战死也要证明自己是勇士，这种心理使他们在战斗中异常勇猛，同时也导致了大量伤亡。

5 月 10 日，波兰第一掷弹兵师随法军主力进攻德国，并占领了德国的萨尔地区。德国 A 集团军群在阿登突破后，波兰第一掷弹兵师和法军主力陷入其包围圈。波军主动担任法国第二十军的后卫，掩护该军突围。最后，波兰第一掷弹兵师几乎被全歼。波兰第二步兵师于 6 月 17 日随法国第四十五军逃到瑞士，被中立国瑞士扣留到二战结束。

波兰第三师尚未组建完成就在布列塔尼保卫战中被消灭了，而第四师则是个空架子，从比斯开湾逃到了英国。

在法国战斗的波兰军队共有 7.5 万人，撤到英国的仅有 1.9 万余人。法国投降时，波兰驻叙利亚还有一个喀尔巴阡旅，在旅长科潘斯基的指挥下，逃到英国控制区巴勒斯坦。法国投降后，英国处于德军入侵的威胁下，无力帮助波兰重建陆军。在两年多的时间里，波兰的海军和空军以及巴勒斯坦的喀尔巴阡旅继续与德军作战。波兰志愿者加入英国皇家空军第三〇三战斗机中队，在不列颠空战中战绩卓著。

1941年8月21日，喀尔巴阡旅开赴托布鲁克，参加第一次托布鲁克围攻战，与德国陆军中将隆美尔指挥的"非洲军团"作战，并成功守住了孤城托布鲁克。后来，英军发动十字军攻势为托布鲁克解围。12月中旬，喀尔巴阡旅参加加扎拉防线之战，此战打出了名气。战役结束后，喀尔巴阡旅撤到后方整编，1942年3月又撤往埃及和巴勒斯坦。

这时，避难英国的波兰人开始组建波兰第一军，辖波兰第一装甲师、第四步兵师、独立第十六装甲旅，以及独立空降旅。由于编制不足，参加西线作战的只有波兰第一军第一装甲师。波兰空降旅主要执行特种作战任务，空降到德国占领的波兰，配合波兰人民起义。

另外，波兰还有第二军，它在组建过程中充满了艰辛。苏联与德国瓜分波兰后，将西乌克兰和西白俄罗斯吞并。波兰东部居住的白俄罗斯族、乌克兰族和犹太人成为苏联公民。波兰人不是进入苏联集中营就是被赶到德占区，只有少部分波兰人继续住在家园。苏军秘密制造了骇人听闻的"卡廷森林大屠杀"，共杀害2万余名波兰人，包括4000名被俘高级军官。这不是大规模的种族清洗，而是精心挑选波兰东部占领区的精英人士，即不服从苏军指挥的人士。

苏德战争爆发后，在丘吉尔的调解下，苏联与波兰政府签署同盟协定。根据同盟协定，苏联将释放几万名波兰战俘，组成波兰第二军开赴苏德前线作战，并受苏军指挥。苏联任命波兰安德斯将军为军长。波兰要在苏联境内（原波兰东部）组建军队，但苏联当时处于卫国战争最困难的时候，连粮食和武器都难以提供。刚刚释放的波兰人经过长期的集中营生活，身体非常虚弱。苏联跟波兰政府达成协议，让第二军的基地搬到苏联中亚地区，以便就近接受英国从中东运来的装备，苏联负责提供粮食。

1941年年底到1942年年初，苏联中亚地区的冬天最低气温达零下52摄氏度，波兰第二军官兵住在帐篷里，每天都有人冻死。1942年3月，波兰第二军活下来的只有4万多人了，另有随军的3.5万名妇女和儿童。由于粮食短缺，苏联只发了3万份口粮，官兵们不能看着妇女儿童饿死，只能均分。

苏联前线紧张，苏军总参谋部不停地催促安德斯指挥的波兰第二军出战。波军还没有训练好，认为苏联人叫他们去当炮灰。这些人在集中营受过虐待，对苏联怀有敌意。后来，斯大林一怒之下同意波兰第二军开赴伊拉克，受英军领导，由英国提供补给。

1942年，波兰4.4万军人、2.6万平民和3000名儿童抵达伊拉克，第二军与喀尔巴阡旅改编成波兰第二军。这批军人中有个叫贝京的犹太人，后来担任以色列军队总参谋长和政府总理。贝京带着一批犹太人开小差离开第二军，到巴勒斯坦参加犹太人复国运动去了。

丘吉尔想把第二军派到地中海意大利战场，以加强自己的力量。波兰政府也有意让第二军参加地中海意大利战场，以便日后取道匈牙利和罗马尼亚对波兰的德国占领军实施反攻。波兰第二军又来到巴勒斯坦和埃及并进行了两次改编。后来，波兰第二军从海上登陆意大利。波兰第二军辖第三喀尔巴阡步兵师，师长是杜克少将；第五克拉考师，师长是苏里克少将；独立第二装甲旅，旅长是拉科夫斯基上校；炮兵部队的司令是扎布科夫斯基上校；还有补充训练第七师驻守巴勒斯坦，为第二军补充新兵。

1942 年，被苏联共产国际解散的波兰共产党在华沙秘密成立波兰工人党，与各左翼政治组织联合组成波兰社会党。波兰社会党团结一切爱国人士组成反法西斯统一战线，把地下游击队改编成人民近卫军。人民近卫军广泛开展政治和军事活动，打击了德国侵略者的嚣张气焰。仅 1944 年就作战 904 次，击毙德军 2 万多人，为打败法西斯解放祖国做出了巨大的贡献。

1944 年 7 月，苏军再次越过波兰边界，与 5 年前入侵者的身份不同。罗科索夫斯基元帅率领的白俄罗斯第一方面军和受苏联控制的波兰指挥官贝林格的波兰第一军已经攻克了波兰重镇卢布林，直指华沙近郊的维斯瓦河东岸。这种情况下，华沙德军出现了慌乱，一些德军家属开始撤离华沙，这一切没有逃过华沙人的耳目。

1944 年 8 月 1 日，华沙人民发动起义。在英国的波兰政府领导的波兰国家军也揭竿而起，总司令科莫罗夫斯基下令向德军发起攻击。起义者中的 2.5 万名国家军官兵只有 4.4 万枚手榴弹、400 支步枪、650 支机关枪、1.2 万枚燃烧弹。当时，驻守华沙的德军只有 2 万人。华沙起义后德军增加到 5 万人，拥有飞机、大炮和坦克等重装备。

在华沙 100 万男女老幼的支援下，起义军用汽油瓶、砖头、石块攻击德国入侵者。经过 4 天血战，起义军占领了市中心的若干据点和几个区，但是仍未攻下重要据点和维斯瓦河上的大桥。双方进行了残酷的巷战，华沙军民同德军进行了异常激烈的英勇搏斗。仅 8 月 5 日和 6 日两天，就有 5 万华沙军民为国捐躯。

8 月 5 日，德军急调一个军增援华沙。起义军开始转入防御，战斗空前惨烈。德军坦克在大炮和飞机的支援下，如入无人之境。德军占领沃拉、奥霍塔和古城。起义军民退至维斯瓦河西岸的狭长地带继续抵抗。起义军民伤亡惨重，激战一直持续到 10 月 2 日。

9 月 15 日，华沙起义军孤立无援，弹尽粮绝。10 月 2 日 21 时，科莫罗夫斯基将军率起义军向德军投降。在华沙起义中有近 20 万人死亡，几乎每个家庭都有人惨死。德军损失 2.6 万人。

波兰人的起义失败后，希特勒命令彻底毁灭华沙城，决心将一座雄壮美丽的城市夷为一片废墟。1.2 万起义军官兵被德军俘虏后，流放到德国做苦役或者关进集中营。

华沙起义被德军镇压后，苏军对德军发动了冬季攻势。1945 年 1 月 17 日，苏军攻下华沙。5 月 9 日，苏军中的波兰士兵越过柏林以东的德军防线，把波兰的国旗插在勃兰登堡城门上。在这次柏林战役中，波兰人伤亡 2.7 万人。